Darkulis Leonov Dias

BELA LUNA

Darkulis Leonov Dias

BELA LUNA

Naslov originala

The White Lune

Biblioteka

MAJA ZLATOGORKA

Glavni i odgovorni urednik

DARKO ŠEKUTKOSKI

Urednik

Tehnički urednik

SIGRIDA JUOZAPAITYTE, LITVANIJA

Lektura

RADA ILIĆ

Ilustracija korica

OLGA BOGOMOLOVA, RUSIJA

Unutrašnje ilustracije

IVANA BOŠKOVIĆ, AKADEMSKI SLIKAR IZ BEOGRADA

Copiright C by Darko Šekutkoski, 2006

Copiright C, prvog izdanja by Narodna Knjiga, 2006

MONOCEROS

381 629734280, +30 6995838956

E – MAIL : darkin07@gmail.com

U ovoj hladnoj zimskoj noći, tamno ljubičastog neba, gde se milioni zvezda naziru i gde se vidi Mlečni put, jedna visoka jelka, zaklanja deo tog tajanstvenog beskraja.

Na toj smrznutoj jeli čuči sova i tužno huče i budi u meni osećanja tuge, prošlosti i samoće.

Negde u daljini, daleko iza jele na nebeskom svodu, uz huk tužne sove, kroz zvižduk hladne noći i izmaglicu mraza, što se ponegde penje u nebo poput dima, titraju senke prošlosti, igrajući se, ne obazirući se na mene.

To je tajna noći. Poruka koja nosi u sebi čarobnu moć ! Moć Boginje meseca !

Iz pera moga sina Bojana.

UVOD

Egzistencija - znači postojanje.

Talasi se valjaju morem, postoje... i nijedan nije isti sa bilo kojim drugim, samo su slični.

Kao večita dinamika poput živog sveta u trenutku postojanja, beznadežno i dosadno - na jednoj strani je bio Bog i on još uvek jeste.

On kaže: „Ne treba ništa menjati. Sve je sklad i harmonija. Talasi jednolično udaraju o stenje i prividno se ništa ne događa. Ipak se oblik stenja iz časa u čas menja. Neprimetno za ljudskog veka, ali primetno za milion godina. Svako zrno je bilo kamen, gromada. Promene se događaju, ali postepeno, kao evolucija. Evoluciju sam ja stvorio. Zamislio sam je da menja svet nabolje, ali polako, jer tako je dobro. Sve drugo je revolucija a to je stradanje. Ja volim svet koji sam stvorio. Vaseljenu. Ne volim da strada."

Đavo mu odgovara: „Da, ti si stvorio sklad, harmoniju, evoluciju, ali ja sam događanje. S tobom je dosadno i bez akcije. Ti daješ ljubav, ali ja dajem strast. U ljubavi je savršenstvo ako postoji strast, jer u strasti je zapravo slast. Svet je kao žito koje ima kukolj u sebi. Bez kukolja rađa slabije, jer nema borbe. Nema akcije."

...

Trebalo mi je nekoliko godina nakon poznanstva sa jednom mladom ženom u Rimu da sklopim mozaik i sastavim kockice, tačnije, dovedem u red pregršt informacija, likova i događanja, a što će na kraju rezultirati ovom pričom koja sledi.

Te 1990, u Novembru, vratio sam se iz Australije u Evropu, a igrom slučaja obreo se tog jesenjeg jutra baš u Rimu. Ne znajući kako da ubijem vreme do večeri, kad je trebalo da odletim sledećim avionom dalje, ja sam rešio da malo upoznam Rim.

Tog prepodneva sam ušao u prodavnicu igračaka u kojoj je radila šarmantna prodavačica. Kosa joj je bila kao gar crna i dugačka gotovo do struka. Oči krupne i zelene, a usne pune i sočne. Telo mlado i gizdavo je upakovala u kratku do kolena uniformu boje trule višnje sa krupnim dugmićima sa obe strane revera. To mi je u trenutku izgledalo kao da sam se sreo sa ukrotiteljkom lavova u cirkusu, jer sve se oko mene šarenelo. Ona je nosila i crne meke hulahopke na nogama iz kojih je prosto zračila nekakva toplina, energija, i meni se više nikud nije išlo od nje.

Nagovarao sam je da izađemo posle njenog radnog vremena, pa makar moj avion otišao i zauvek.

Ona je mene ubeđivala kako ima čak troje dece i muža.

Tad u radnju uđe šefica!

Osmotri mene, pogleda u nju i upita je na talijanskom koji ja nisam razumeo, ali sam shvatio.

- Šta ovaj traži tu?

Ona joj kaza da sam kupac i da sam eto već nekoliko igračaka izabrao, dodavši da sam upravo doputovao iz Australije.

To odobrovolji šeficu koja se na trenutak okrete i tad na moje iznenađenje, prodavačica, brzom brzinom ispisa svoje ime i telefon na vizitkartici i doda mi to.

Za mene je to bio znak da je riba zagrizla, ali sam zapravo ja bio upecan i ni- malo svestan toga!

Ipak sam otišao na avion, ali mi ta mlada žena nije izlazila iz glave.

Prošlo je mesec dana i ja reših da joj se javim! Mislio sam da me je zaboravila i tek plamičak nade je tinjao u meni, koliko da je nazovem i okušam sreću.

- Gde si ti? - glasilo je njeno prvo pitanje.

Tad se ja uspaničih na trenutak jer za mene je to bio mali šok. Pribrah se.

- Zar me se još uvek sećaš? - upitah je.

- Naravno da se sećam! Takve plave oči se ne zaboravljaju lako! - odgovori mi ona, na moje zaprepašćenje.

- Misliš li da su tvoje bezazlene? - upitah je.

- Moje su zelene i čežnjive a tvoje plave i umiljate! - odgovori mi ona.

- To znači da se vidimo! - kazah.

Tako nekako - reče Talijanka.

I obreh se ja ponovo u Rimu. Samo ovoga puta ona nije imala troje dece,već samo jedno. Priznala je da me je slagala, kako bi me se otarasila, ali potom se predomislila.

- A muž? - bilo je moje sledeće pitanje dok me je, sada već prijateljica, vozila ka svom stanu, negde u Rimu.

- On je... - poćuta malo - zapravo, kako da kažem... u zatvoru. Osuđen je zbog silovanja, tačnije, nečega kao silovanje... ali, ja sam tome kriva! - poče se uzrujavati ona, pa je ja prekidoh u priči.

- Dobro, de. Ne moraš mi to pričati ako ti je teško! - rekoh, mada sam goreo od radoznalosti.

Ona me na trenutak pogleda dok je parkirala auto u nekoj uzanoj ulici i tad videh suze u njenom levom oku, što je učini tako ženstvenom, ranjivom i namah zavoleh tu slatku mladu prodavačicu igračaka.

Kako nam je potom bilo kod nje u stanu? Jednostavno rečeno: ludo i nezaboravno! Taj vikend je neponovljiv i siguran sam da osećaj ushićenja mogu objasniti onom famoznom ruskom reči koje nema po rečnicima i koja se ne može prevesti već samo osetiti i doživeti a sreće se u običnom narodu i izaziva ushićenje onoga Rusa kome se nameni, ne zbog samog značenja reči, već zbog izazivanja prijatnog šoka kod istog, jer tako nešto se najmanje očekuje iz usta jednog stranca a svedoči da taj stranac, ako iole barata ruskim jezikom, zaista poznaje i njegovu dušu! Ta reč se izgovara baš ovako: Aaabaalldet !!!

Nije slučajno da sam pomenuo bilo šta na ruskom! Ona je bila poreklom Ruskinja, tačnije njen otac. On je po njenoj priči bio crvenoarmejac i učestvovao je u gonjenju nacista od Staljingrada do Berlina da bi praktično po završetku rata, bez nekog vidnog razloga, prilikom jedne pijanke i šenlučenja nadomak Berlina, bio ranjen u stomak. Puščani metak mu za divno čudo i medicinske anale, nije oštetio ama baš nijedan vitalni organ i prošao je pored kičme na tri milimetra. Nekim slučajem biva prebačen kao ranjenik u Francusku, a potom Italiju. Nadomak jednog velikog grada na severu Italije, on u kampu za rehabilitaciju upoznaje mladu i privlačnu medicinsku sestru. Zaljubljuje se u nju i odustaje od povratka u otadžbinu, zauvek. Oni potom odlaze na njeno ne baš veliko imanje, nadomak kampa u blizini tog grada. Nakon nekoliko godina se venčavaju a prvo i jedino žensko dete dobijaju tek petnaest godina posle.

- Ti si veštica! Zar ne? - upitah je već nakon desetak minuta, pošto smo došli u njen stan i kako sam video da se zavalila udobno u ogroman krevet, a naslonivši se na neke tamnocrvene i čudno male jastuke, pri tom me dozivajući obema rukama u visini glave podignutim, sa zavodljivim smeškom i sjajem očiju, što izazva momentalni napad muškosti kod mene.

- Kako znaš? - upita me ona.

- Mnogo toga što zna u životu čovek zapravo ne ume da objasni, jer zapravo oseća, verovatno instinktivno, ali reći ženi da je veštica ne znači i misliti kako ona leti na metli kao u pričama za decu! - kazah joj i spojih svoje usne s njenim iz kojih je prskala slast kao iz jabuke, sočne i rumene.

Zaista mi tog poslepodneva i večeri, a zatim i cele noći, nije bilo bitno da li vodim ljubav sa vešticom, ali je sigurno bilo to da je ona komotno mogla tražiti moju dušu da bi je nosila đavolu na poklon i ja bih bio saglasan s tim !

- Ja sam zaista veštica i baba mi je bila veštica! - reče mi ona ujutru. - Evo dokaza! I leže na stomak. - Pipni mi poslednji pršljen na kičmi! Vidiš kako ide u stranu!

- Ono što vidim je da si žena i to onako od glave do pete, baš najbolje, najlepše i uzbudljivo! - kazah joj. Nisam u to sumnjao. Rekao sam istinu. Na kraju krajeva i to njeno, recimo priznanje, ni najmanje me nije iznenadilo niti uzbudilo, već samo zaintrigiralo da je upoznam bolje i pokušam da shvatim tu oblast naše stvarnosti, pa makar da je to samo njeno lično ubeđenje, zabluda, ili pak zbilja.

Proveli smo zajedno i više od vikenda. Vodila me je u kraj gde žive njeni roditelji. Sada stari i nemoćni.

Prenela mi je na neki način priču koja sledi: u kojoj je i ona bila akter. Koliko i na koji način, shvatićete na vreme i u, nadam se, pravoj meri. Dok budete čitali, možda ćete pomisliti da je sve to laž.

Zapamtite da u svakoj laži ima bar malo istine, ali u istini ne može biti nimalo laži!

BELA LUNA

PRVO POGLAVLJE

I

Anđela je sedela i čitala ispod starog ogromnog maslinovog drveta u vrtu svoje skromne kuće, gde je živela zajedno sa ocem i starijim bratom.

Već gotovo da se potpuno smrklo a tek se naziralo šarenilo na horizontu iznad mora. Nekoliko trenutaka pre je tamo bilo još sunce ili tačnije, ona optička varka, nastala od prelamanja svetlosti, kada sunce izgleda veliko i crveno.

Ona začu korake iza sebe. Osvrnu se. Osmehnu se.

- Franko, ti si? Zasto si tako ozbilljan?

- Bojim se za tebe, sestro! Oca nam još nema iz fabrike a možda će stići pijan.

- Ako i dođe takav, niti će mu biti prvi, a bogami ni poslednji put! - reče Anđela.

- Znam, Anđela, ali večeras izlazim sa Beatrise i ti ostaješ sama u kući. Ako Paolo dođe pijan i počne besniti po kući, nema ga ko sprečiti u tome - ispriča Franko, poljubi sestru u obraz, jer ova mu je prišla dok je on govorio.

Ona ga pogleda direktno u oči, a potom se naglo okrete i priđe maslinovom stablu. Nasloni čelo na tvrdu koru i zatvori oči.

- Šta ti je, Anđela? Sta se dogodilo? - zabrinuto će Franko.

Ona se okrete. Leđima je dodirivala stablo kao da ga hoće odgurnuti. Kosa crna kao gar je lepršala na vetru i na momente propuštala crvenkastu svetlost sunca koje je zalazilo na horizontu. Drvo i cela maslina poprimi neku tamnu boju, a figura devojke dobi oreol po obodu kao aura što je svetlucala u nijansama, očaravajuće i uzbudljivo.

- Ja sam dobila danas pismo od ujaka Franciska i ujne Anne!- progovori Anđela.

Oći su joj svetlucale u tami.

- Zar od njih? Video sam ih poslednji put još na majčinoj sahrani pre petnaest godina.

Ja sam tek pošao u školu, a ti si bila devojcica - kaza Franko.

- Da! Pozivaju me da nastavim školovanje kod njih - dodade Anđela i proćuta malo, a onda potrča bratu i zagrli ga. - Teško mi je, Franko! Kako da ostavim ovo divno more koje mi jutrom, kad se probudim, tako blesne pred očima i čini me radosnom. Ovde sam odrasla. Uz tebe i oca. On jeste da je ćudljiv, ali ga volim, Franko.

- Smiri se, Anđela! - tešio ju je brat. Odvojio ju je od sebe da bi je bolje video. Usne su joj drhtale a iz dva oka, kao iz dve pećine su se nazirali tuga i ponor, dok je mnoštvo sitnih kapljica suza štitilo ulaz u nepoznato.

- Na severu Italije je bolje, bogatije. Ujak Francisko ima veliku i divnu kuću - reče Franko.

- Meni je draga i ova trošna kuća. Nije velika, ali je naša. Franko! Kako da živim i bez tebe? - govorila je Anđela, grcajući malo-pomalo.

- E sad je dosta! Nećes valjda cmizdriti?! Punoletna si već godina dana i možeš u život bez nas! - kaza Fanko. Uostalom, i šta ćeš u ovoj zabiti!? Onamo u velikom gradu će ti biti interesantnije! - dodade Franko i pošto pomilova Anđelu po temenu, i sam se uputi ka mestu gde mu je stajao kamionet.

Te noći je Anđela kasno legla. Uživala je u toploj veceri pored mora. Blagi povetarac joj je milovao telo, a s vremena na vreme kad dune jače, i mrsio crnu kosu koja joj je dopirala do ispod ramena, dajući na taj način njenim ustreptalim čulima neku posebnu draž i mio osećaj.

Usnula je čudan san:

Kako hoda nepoznatom ulicom i u jednom trenutku je presreće mladić sa maskom na licu. On skide masku i reče joj:

- Ja sam. Kreni za mnom!

Ona ga bez reči posluša. Krete za njim preko ulice, pa kroz park do jedne crkve. Anđela uđe unutra.

U crkvi, ne baš velikoj, ona zateče neki narod. Pošto se uveri da niko ne obraća pažnju na nju, krete prema oltaru. Ali, tad začu iza sebe kako se ulazna vrata zatvoriše uz tresak i škljocanje ključa u bravi. Shvatila je da je u zamci i da nema kud.

Tada, do maločas ljudi - pretvoriše se u nakaze, spodobe i rugobe, patuljastog rasta. Počeše igrati oko nje i derati se na sav glas. Jedni su se pak smejali, a drugi trubili. Stadoše je štipati i cepati joj odeću. Rugali su joj se i plazili a ona se otimala i zvala u pomoć.Oborili su je, grizli i lizali, a onda užas dostiže vrhunac, te se ona u panici probudi. Neko je lupao na vrata. Ona poskoči iz kreveta. Srce joj je udaralo u grudima kao ludo. Na sebi nije imala ničega sem donjeg veša i ona otvori orman. Panično je prebirala unutra ne bi li našla svoju kućnu haljinu. Neko je još jače udarao po vratima izgovarajući njeno ime.

Pošto se obuče, ona otvori vrata. Na pragu je stajao njen otac Paolo. Namrgođen i pijan. Ljuljao se i bazdio na alkohol.

- Dokle treba da lupam da mi se otvori? Zašto je zaključano pobogu? - gunđao je glasno, gotovo vikao Paolo.

- Izvini, tata, zaspala sam a Franko nije tu... i

- I šta, plašiš se mraka?! Možda te neko ukrade? - kaza na to Paolo dok je ulazio u kuću.

Anđela je znala da mu ne sme protivurečiti i uzdržavala se da mu bilo šta kaže ako ne mora. Pridržavala je oca jer je ovaj jedva stajao na nogama. On je odgurnu.

- Praviš se da me žališ! Misliš da sam lud i da ne vidim ništa?! - brundao je Paolo.

- Hoćeš li da večeraš, tata? - upita ga Anđela tiho i razgovetno.

- Gladan sam. Može! - odbrusi joj i sede za sto.

Pri tom on zakači nemarno nogom o nogu stola te - krigla od stakla pade, ali se ne razbi. To uznemiri Paola i on udari pesnicom u sto.

- Sve ću vas pobiti, majku vam vašu! - drekne iz sveg glasa.

Anđela na trenutak zatvori oči i pomoli se Bogu, kratko i jasno:

- Oh Bože, samo da prođe ovo!

Dodala je ocu tanjir i stavila šerpu sa varivom da se podgreje. Rezala je na kriške ogromni hleb iz obližnje pekare što je brže mogla a tad se ovaj okrete prema šporetu i nespretno dohvati šerpu, jer bio je nestrpljiv. Ispade mu iz ruku i sadržina se prosu po podu.

- Oh, šta uradi!? - ote se Anđeli greškom.

Porcelanski tanjir u flešu je leteo iz Paolovih ruku ka Anđeli. Ona uspe da blokira rukom i tako spreči udarac u glavu, ali je podlaktica pretrpela žestok sudar sa ivicom tanjira. Ona jauknu od bola. Do tad je otac mnogo puta bio pijan i gotovo da nikad nije prošlo bez nekog ekscesa. Ovo je bio prvi put da je naneo fizički bol Anđeli.

- Šta je, praviš se da te boli? Nije ti ništa! - progunđa Paolo a zatim ustade od stola i otetura se u svoju sobu.

Anđela je klekla na pod držeći se za ruku. Suze su joj tekle od bola. Jedan je bio bol u ruci a drugi bol u grudima. Bol koji dolazi iz dubine duše, kad se povredi sama duša. Bol koji je nastao tamo u neizmernim prostranstvima duha. Tamo gde se u jednoj tački sastaju tuga i radost. Nada ustupa mesto beznađu i obratno, a u večitom bekstvu od neminovnosti koja dolazi.

- Prokletniče! - izdra se ona ka ocu, tačnije ka sobi u koju je otišao.

Sakupljala je sada već otpatke s poda, a iz susedne prostorije je dopiralo hrkanje. Ona priđe slici na zidu na kojoj su njen otac i majka na dan venčanja. Otac joj je tada, pre tačno četvrt veka, bio bez ijedne bore na čelu, mlad, lep i ponosan. Na slici je delovao ozbiljno, mada je Anđela slušala o svom ocu kao o velikom šaljivdžiji i veselom čoveku. Nimalo nije više ono što je nekad bio. Tačnije, ona ga i nije upoznala kao takvog i sve te priče o njemu su joj delovale neverovatnim. Pored njega je na slici Anđelina majka u venčanici. Ta žena je bila prava lepotica! Nasmejana, vedra sa crnom divnom kosom i mladežom iznad gornje usne, očiju krupnih i tamnih, sa iskošenim spoljnim krajevima kao u Azijata.

Nije ni čudo, mislila je Anđela, što se otac zaljubio u njenu majku. Kakva je to samo ljubav bila!

Paolo je imao dvadeset godina kada je upoznao devojčicu iz susednog sela, šest godina mlađu. Viđali su se tajno, šetali i simpatisali. Ubrzo je njihova veza za koju se nije smelo znati postala trn u oku njenim roditeljima koji su saznali za njih. Prijavili su to policiji i oni su priveli Paola na razgovor. On se pravdao time da između njih zapravo nema ništa za osudu jer se sve svodi na čisto druženje, simpatisanje i ljubakanje. Ubeđivao ih je kako ima ozbiljne namere sa njom i kako će se sigurno njome oženiti, čim ona stekne punoletstvo.

Niko mu to nije hteo verovati, te se našao na sudu i tad je Bruna preuzela sve u svoje ruke.

Ona odlazi na obližnju liticu, nadomak sela, iznad mora. Uzima kanap i jedan njegov kraj veže za obližnje drvo a drugi sebi oko struka. Obavestila je prethodno roditelje o svojoj nameri, tako da su ubrzo na liticu stigli praktično svi meštani njenog sela i policija.

Bruna se spustila niz liticu i tako visila preteći da će se odvezati i tako oduzeti sebi život ako ne prestanu da maltretiraju Paola.

Roditelji mlade Brune su to ozbiljno shvatili i čvrsto obećali da će ih ostaviti na miru. Tako je i bilo... Paolo se oženio Brunom čim je ona navršila osamnaest godina.

To je bio srećan kraj jedne epizode u ljubavi dvoje mladih. Nažalost, i s njihovim venčanjem počinje i nova epizoda, novi početak.

U bajkama o princu i princezi sa srećnim završetkom i pobedom pravde, prestaje i priča, te niko ne zna šta se dogodilo posle. Priča o Paolu i Bruni je istinita i zaista život. Život se ne završava tačkom. Stoga se moramo suočiti i s daljom sudbinom naših junaka, hteli mi to ili ne.

Anđela je posmatrala svoje roditelje na slici i samo joj se premotavalo u glavi sve ono o čemu je razmišljala nebrojeno puta do tad. Ona nije zapamtila majku, ali je znala šta se dogodilo i ko je zapravo kriv za Bruninu smrt već nakon dve godine kako se rodila Anđela.

Bila je sigurna da njen otac Paolo pije zbog toga. U alkoholu traži spas iz dva razloga. Jedan je zato jer ne može da prežali Bruninu smrt. Drugi, jer sebe smatra krivcem za to.

I tako su dani proticali i vreme odlaska u grad kod ujaka na studije se primicalo. Taj period je Anđela utrošila najviše u druženju sa Mirelom. Za razliku od nje,

Mirela je bila nešto sitnije građe i ne tako vitka. Skladne proporcije tela uz dve pletenice niz leđa, do struka, i tamne krupne oči – davale su atraktivnost njenom izgledu.

U to doba ranih osamdesetih, igranka na kojoj je svirala neka lokalna grupa, bila je jedina zabava u mestu, i to dva puta mesečno. Njih dve su se dogovarale kako da odu na zabavu.

- Biće lako, kažem ti! - ubeđivala je Anđelu drugarica.

- Ja se plašim, zaista se plašim! - odgovarala je Anđela, stežući prijateljicu za lakat. - Ti znaš kakvog oca imam! Ako me otkrije!? Ili je možda bolje da ga pitam? Ali ne, neće me pustiti! Ah, to nikako, moramo onako! - uspaničeno će Anđela.

-Važi! - ciknu Mirela, a zatim poskoči i poljubi Anđelu u obraz, pa u momentu sva radosna otrča kući.

Anđela osta još trenutak naslonjena na ogradu, a zatim pođe i ona nadole ka svom domu. Bila je zamišljena i pomalo u nedoumici. Osećala je da ovo sve oko nje polako nestaje iz njenog života. Da je to već skoro prošlost. Da je njena tako draga prijateljica, takođe prošlost. Da je pred njom novi, drugačiji i potpuno nepoznat život. Želela je da ostane, da nikud ne ide. Grozničavo bi se držala ovog mesta koje napušta i svih ljudi u njemu. Svega oko sebe tako poznatog i utabanog.

U isto vreme je žudela za novim iskustvima, boljim životom i srećom koju treba naći, negde tamo daleko u velikom gradu.

Sutradan je osvanuo divan dan. Ništa nije slutilo na nevreme koje dolazi. Ljudi koji žive na moru i od mora to znaju i uglavnom mogu predvideti loše vreme, a naročito ribari. Ipak, često ni vekovno iskustvo primoraca nije garant da iskusnog ribara nevreme neće iznenaditi na otvorenom moru.

Predveče tog dana, Franko je isplovio u svom ribarskom čamcu sa još dvojicom kolega, kao i obično, dok je vetar pomalo nervozno pirkao, a s vremena na vreme zaigravao jače, odišući svežinom u svom blagom besu.

Anđela je upravo završila sa večerom i uzela da pospremi sto, dok je u međuvremenu sipala ocu vino iz staklenog bokala u čašu a na njegov zahtev i sebi, jer je on smatrao da je to dobro pred spavanje.

Devojka pošto sede za sto, popi gutljaj vina, a zatim pogleda u sat na ormanu, pa u oca, te osetivši da je trenutak, upita ga:

- Znaš, tata....! Da li mogu noćas spavati u Frankovoj sobi?

- Zašto? - progovori Paolo i začuđeno pogleda u kćer, te nastavi. - Zar ti više ne odgovara u tvojoj?

- Franko ionako dolazi tek sutra, a od Mirele sam dobila lepu knjigu za čitanje. Evo vidi (pokaza mu), a ti ne voliš kad je svetlo u mojoj sobi, jer kroz staklo na vratima prodire u tvoju pa... - izgovori Anđela što je brže mogla, nadajući se da će tako odobrovoljiti oca.

- Aha...! - reče Paolo pa se ugrize za usnu, kao da se nečega priseća. - Ta Mirela! Opet se družiš sa njom? Zar ti nisam rekao da je se okaneš?

- Jesi, to je tačno. Poslušaću te ubuduće - obeća Anđela i pocrvene jer je slagala.

Mirela zaista nije bila devojka na dobrome glasu. Iako je imala tek nešto više od dvadeset godina, o njoj se pričalo svašta. Te kako su je viđali sa nekim momcima, te kako je već odavno iskusna u ljubavi, a ima i na koga, i mati joj je takva, i slične stvari. Naravno da je veći deo tih tračeva bio neistinit. Anđela je to znala, ili je bar verovala, ali baš takva Mirela joj je odgovarala.

Paolo je gunđao u sebi. Naime, u njemu se borila želja da svoje dete liši rizika lošeg društva, ali i sam je bio duboko svestan sopstvenog lošeg ponašanja u trenucima pijanstva. Naravno da je on to znao i ni za šta na svetu ne bi to nikome priznao.

Već nekoliko dana nije popio ni kap alkohola, niti svraća u svoju omiljenu kafanu s posla da popije poneku, onako s nogu. Ono veče kad je Anđelu povredio, davali su pomen povodom smrti nekog svog kolege i njegove žene u saobraćajci. Da bi ubili tugu, toliko su se omamili alkoholom da im je maltene bilo krivo što "nešto kao to" nije svaki dan, ili bar češće, jer zaista, žaliti kolegu je neutešna žrtva koju oni, doduše nerado, moraju podneti.

Paolo se obično nije sećao detalja u svom alkoholisanom ludovanju, a i ko bi mu smeo ukazivati na to. Ipak, oteklina na Anđelinoj levoj ruci ispod lakta se nije mogla sakriti, niti je ona htela to kriti.

Otac joj je odobrio da spava u Frankovoj sobi, više iz razloga da kompenzuje na neki način sopstveni hir, nego što je zaista iz ličnog hira to i smatrao da treba.

Tama je već uveliko pala na malo primorsko mesto, kad se Anđela tiho iskrala kroz prozor Frankove sobe, uverivši se prethodno da otac spava i znajući da se neće buditi bez razloga do samoga jutra. Lagano je krenula kroz noć u susret Mireli na dogovoreno mesto kraj izvora, ne hajući na vetar koji ju je šibao po obrazima, dok se u daljini čuo huk talasa, kako u besu razbijaju snagu o stene.

Utom je prenu nešta čudno. Zastade. Oslušnu. Kao da oseti blagi udar struje kako joj prolazi kičmom. Iz mraka je dopirao Mirelin glas. Isprekidan. Nepovezan. Gušio se u pomami čula i igri ljubavi dvaju nagih tela što u zanosu strasti, na vrhuncu čina, izbacuju duh iz orbite sopstvenog ega u dubine univerzuma a dovodeći nakon toga ljubavnike u blago stanje opuštenosti, zadovoljstva i sreće.

Nemajući kud, kao u snu, Anđela bi nemi svedok događanja.

Gledajući prijateljicu i nepoznatog muškarca u ljubavnom zagrljaju, telo joj poče tinjati, nekako čudno, uz blage udare pohote, koja je nadirala, kao što plima nadolazi talasima na obalu. Osećala je kako joj srce kuca brže, nesvesno parajući noktima po kori stabla na koje beše naslonjena. Tihi plamen u njoj je nagoveštavao da se može raspaliti do neslućenih razmera.

I bilo bi verovatno tako da ne bi prvo jedne, pa druge, treće, četvrte, a zatim bezbroj kapi kiše, koja se stušti u momentu i tako spoji nebo sa zemljom. Nedaleko je more uznemireno hučalo i udaralo talasima nemilosrdno u obalu. Čestice morske pene u vidu magle, kao u jatima su izletale sa površine vode i mešale se na kopnu s kišom, dok je vetar zavijao poput hijene.

Anđela je požurila kući, a zatim potrčala, da bi se ubrzo potom okliznula i pala, pa opet potrčala i pala. Onda shvativši da je mokra da mokrija ne može biti i prljava da prljavija ne može biti, mirno se pomiri sa sudbinom i nastavi laganim korakom ostatak puta do kuće. Kad je prišla kući, tačnije prozoru Frankove sobe, kiša je još uveliko lila po njoj i ona rukom pokuša da otvori prozor. Tog trenutka joj žmarci prođoše telom. Prozor se nije dao otvoriti. Istog trena postade svesna da je prozor zatvorio neko iznutra.

Taj iznutra je mogao biti samo njen otac.

Zapanjeno zastade u času čak i sa disanjem a kroz glavu joj prolete u trenu ono što mora biti kad se suoči sa ocem. Tražila je panično u mislima izgovor, ali izgovora nije moglo biti. Te noći se ona mogla nalaziti samo u Frankovoj sobi. To je ono što je njen otac znao. Sve drugo - ne dolazi u obzir!

Prišla je ulaznim vratima i nije joj se ulazilo. Htela je da pobegne, da ode. Želela je da nestane i proklinjala je dan kada se rodila.

Ipak je sakupila hrabrost, jer na kiši više nije mogla biti, pa zatvori oči, uhvati za bravu odlučno u stilu „šta bude neka bude" i uđe unutra.

Ali na svu sreću, sreća prati početnike. Početnik je te noći bila Anđela.

Šta se u stvari desilo?

Franko je te večeri isplovio sa drugovima ka pučini, ali posle desetak milja, ustanovili su da od ribarenja nema ništa. Nevreme samo što nije počelo. Vratili su se na kopno. Franko je došao kući i ušao u sobu i ne znajući da je Anđela trebalo da bude tu, a smatrajući da ona spava u svojoj. Tačnije, ništa mu ne bi ni sumnjivo, tako da ništa nije ni mislio, sem kako će da legne u krevet, pošto prethodno zatvori prozor, za kojeg je smatrao da se slučajno otvorio.

Kad je Anđela ušla u kuću, brzo se uverila da još može biti sve u najboljem redu. Da nije u redu, otac joj ne bi tako mirno spavao. Ona tiho skide sa sebe mokru odeću, obrisa kosu i ukloni tragove. Potom se uvuče blaženo u krevet dok je napolju brujao vetar i pljuštala kiša. Nedaleko je nešta klaparalo.

Ona pomisli: - Uh,kako je strašno biti napolju! Zadrhta od jeze pri toj pomisli i zaspa.

II

Došao je dan polaska u grad. Anđela se opraštala od svojih na peronu železničke stanice, uz suze u očima i vidno uzbuđena. Potom uđe u vagon voza, jedva tegleći poveći kofer, pa kada nađe baš prazan kupe, smesti se u njemu.

Začu se pištaljka. Lokomotiva zabruja, a kompozicija lagano krete put odredišta, da bi ubrzo zatim postigla punu neophodnu brzinu.

Bilo je jutro. Anđeli se spavalo. Ona se prepusti dremežu i laganom klackanju. Vreme je prolazilo sporo, ali je ipak prolazilo, a putnici su na stajalištima ulazili i izlazili dok u kupe u kojem je bila Anđela, još niko nije ušao. Tek posle podne, hodnikom vagona je prolazio visok, krupan čovek srednjih godina koji je imao tamne naočare za sunce.

Pošto ugleda Anđelu samu, on zastade. Nešto kao da razmisli. Tad otvori vrata i nakon što upita da li je slobodno, on sede nasuprot nje, malo ukoso i ne sačekavši odgovor.

Ona ga pogleda, odmeri od glave do pete i nastavi odsutno da posmatra predeo kroz prozor. Čovek skide naočare pa nakon izvesnog vremena, pošto prouči Anđelu, posmatrajući je diskretno, kao da nađe pravi trenutak, progovori:

- Vi devojko, putujete daleko?

- Do kraja! - reče Anđela nevoljno.

- Da, to je tačno. Zapravo mi svi idemo do kraja. Ali, devojko, vi ste tek na početku i pred vama je život. Nadam se, dug i uspešan - reče neznanac, osmehnuvši se prethodno.

- Zapravo sam mislila do krajnje stanice! - odgovori Anđela i napravi pokret rukom kao da se pravda, a oči joj zacakliše sjajem koji ne ostavlja čoveka ravnodušnim.

- Oho,divno! To je velik i lep grad. Da li putujete tamo prvi put? - upita čovek.

- Da, prvi put. Nastaviću školovanje tamo. Stanovaću kod ujaka - odgovori Anđela.

- E pa kad je tako, meni je zadovoljstvo da vam se predstavim, s obzirom da ćemo živeti u istom gradu - reče čovek pružajući Anđeli vizitkartu. – Ja sam Romano Sandoza, bavim se fotografijom i slikam fotomodele za poznate časopise.

-To mora da je zanimljiv posao! - reče Anđela pošto se i ona njemu predstavi.

- Da, zanimljiv i plaćen. Mnogo devojaka, mladih i zgodnih kao vi, se proslavilo nakon što sam ih ja otkrio - kaza Romano i malo poćuta. - Postale su manekenke! - dodade.

Anđela se zamisli. Pogleda u plafon kupea. Napravi grimasu ustima kao da ocenjuje nešto.

- Ja ću studirati medicinu. Smatram da je manekenisanje poslednje čime bih se bavila, jer zapravo glupe devojke se time bave. Ni za šta drugo i nisu sposobne - zaključi Anđela.

Ova konstatacija pokoleba Romana, ali on reče polako i razgovetno:

- Znaš, devojka koja izuzetno lepo izgleda, glupa je ako to ne iskoristi, jer lepota je Bogom dana, isto kao pamet. Anđela to sasluša, klimnu glavom i pogleda kroz prozor voza. Nije odgovorila ništa. Zadremala je.

Kad je ponovo otvorila oči, smrkavalo se već. Svetla velikog grada u dolini i po okolnim brdima, bljesnuše iznenada punim sjajem, stvorivši tako posmatraču ushićenje pred grandioznošću i lepotom ljudske tvorevine. Pisak lokomotive je najavio ulazak voza u stanicu, unutar koje su se tiskale gomile ljudi, navaljujući nekud bez reda i haotično.

Ona oseti zebnju u srcu, shvativši da je došla u grad velik i nepoznat. Načas se upita u sebi: - Šta ako me ujak ne čeka?

To potraja samo sekund, jer već je ugledala ujaka Franciska i mahnula mu kroz prozor, prethodno ga otvorivši, dok je voz usporavao uz škripu kočnica. Utom Romano ustade. Uze kofer da bi Anđeli olakšao, pa zajedno sa njom izađe na peron, gde im priđe ujak Francisko. Anđela mu se baci u zagrljaj i kad izmenjaše poljupce, ona se okrete Romanu, koji je još stajao iza nje, te se od njega oprosti uz obećanje, na njegovo insistiranje, da će ga posetiti.

Ujak Francisko je bio čovek srednjeg rasta i već poodmaklih godina. Na sebi je imao sako sive boje i štofane pantalone, što je uz kravatu i belu košulju odavalo pedantnost. Inače, dugogodišnji rad na mestu poštanskog službenika, stvorio je u njegovim pokretima i govoru odmerenost a u ponašanju usiljenost, što je zajedno sa večito ozbiljnim izrazom lica, odavalo otmenost i saznanje da je reč o gospodinu staroga kova. On je bio privržen pokojnoj sestri, te je stoga osećao dužnost da izađe u susret Anđeli i omogući joj dalje školovanje.

Kuća u koju su pristigli posle nekih pola sata vožnje autom, bila je sa visokim prizemljem i spratom. Sagrađena je još sredinom veka unutar prostranog vrta, omeđenog živom ogradom. Desnu polovinu prizemlja je zauzimala garaža koja se otvarala i zatvarala velikim vratima iz dva dela od neprozirnog hrapavog stakla, uokvirenog u metalnu konstrukciju. Do garaže je nekih desetak metara od metalne rešetkaste ulazne kapije, vodila betonska staza, širine koliko za auto. Iznad garažnih vrata se nalazio veliki dvokrilni prozor, gde je bila i kuhinja, a to je još uvek bilo prizemlje. Na levoj strani, pored garaže su bile stepenice i nekoliko stepenika do uskih ulaznih vrata, od zeleno obojenog drveta.

Vrata su nešto uvučena unutar kuće a levo od njih je opet dvokrilni prozor od dnevne sobe. Na prvom spratu je velika terasa, celom prednjom stranom, oivičena ogradom od cigala, koliko čoveku srednje visine do struka. Balkonska velika vrata od stakla su vodila u spavaću sobu sa velikim francuskim krevetom i belim nameštajem. Iz spavaće sobe vode vrata u širok prostran hodnik sa stepeništem od finog rezbarenog drveta nadole i dvema sličnim prostorijama s druge strane.

Jedna od tih dveju soba je predviđena za Anđelu, i to ona desna, nešto veća. Ta soba ima i maleni balkon sa pogledom u vrt stana. Vrt oko kuće oivičen vredno podšišanom živom ogradom je izrazito u zelenilu, kao da se samo o tome vodilo računa. Tako da sve odiše velikom količinom kiseonika, svežinom i dubokim mirom.

...

Mirom odiše i jedna dolina nedaleko od grada. Samo prividno! Noć je ona mrkla i bez daška vetra. Nema ni meseca ni zvezda, a ni uličnog svetla, ili bilo kakvog. Na momente protutnji voz iznad predela iz jednog ili pak drugog pravca, zaustavljajući se uz škripu kočnica, naglo i parajući kao nožem tišinu, samo za- rad jedne malene stanice u sredini, među dva tunela koja su razmaknuta jedan od drugog koliko je dolina široka. Na kilometar daleko od pruge, što preseca krajičkom kotlinu oivičenu stenama je reka ponorica, koja izvire iz brda i prolazeći žubori, da bi na drugom kraju nestala u kanjonu iz kojeg je jedino uzanim putem moguć pristup u dolinu, a zatim i do malene crkvice sagrađene uz stenu.

Pojavljuje se vozilo iz kanjona i zastaje pred metalnom kapijom. Farovi su dugački i čuje se samotno brujanje mašine. Neko prilazi iznutra. Taj šepa i ljulja se dok ide, ali pokušava da bude brz. Kad pristiže do kapije i poče je otvarati i šofer u kolima obori svetla, izađe iz auta i priđe čoveku koji onako zadihan poče kašljati, ali se nekako ukruti ponizno iščekujući kakvo naređenje, kao kada dobro dresiran pas stane pred gospodara u nadi da mu ovaj naredi bilo šta, kako bi se on dokazao da je vredan njegove naklonosti.

- Da li su svi pristiglli? Je li sve spremno za obred? – upita pridošli onog zadihanog.

- Svi samo vas čekaju, gazda! - odgovori ovaj, pogledujući u auto jer mu se učinilo da je neka prilika na mestu suvozača.

- U redu! Kad parkiram auto, ti ćeš devojku što je došla sa mnom odvesti unutra, a onda zatvori kapiju i pusti dobermane – kaza pridošli i uđe u limuzinu.

Kad krete prema malenoj crkvici, devojka koja je bila sa njim mu se obrati:

- Malo me je strah, Niccolo! Zašto je sve ovako mračno?

- Ništa ne brini, Wanessa! Sve što biva prvi put izgleda strašno, jer je nepoznato, ali svideće ti se! – odgovori Niccolo dok je parkirao svoju skupu limuzinu nadomak nekog malenog vrta zaraslog i neurednog.

Oni izađoše iz vozila i Niccolo priđe Wanessi. U mraku su se tek nazirale dve vitke siluete koje se primaknuše jedna drugoj u zagrljaj i poljubac u carstvo čulne percepacije. I mesec se pojavi u momentu. Obasja ih kao sve oko njih. Sekund, dva i nesta za oblakom. Krik se prolomi dolinom. Rezak i ženski.- Što si vrisnula, Wanessa? – upita je Niccolo.

- Oh! Videla sam tamo u travi nekakav grob! – kaza Wanessa dok je stezala Niccola, nimalo nežno.

- Još si devojčurak. Vidi se to, ali ćeš večeras doživeti sazrevanje na način koji nisi mogla ni sanjati – kaza joj Niccolo i utom priđe starac koji im je otvorio kapiju.

On uze Wanessu za ruku i uvede je u crkvu. Niccolo sačeka da oni uđu i krete prema vrtu i pošto se gotovo saplete o travuljinu, priđe grobu. Na velikoj kamenoj ploči je pisalo nečije ime. Niccolo podiže ruku i dodirnu hrapavi natpis. On kleče pored groba, odgurnu nadgrobnu ploču, a zatim uđe unutra.

Starac je uveo devojku u crkvicu u kojoj je gorelo nekoliko sveća. Zapravo, nigde nije bilo krsta i ovo zdanje je samo na neki način podsećalo na crkvu.

- Sada ćeš se presvući! Hajde, zlato moje, nemoj se stideti! Večeras ćeš biti đavolova nevesta – govorio je starac dok joj je dodavao belu kao spavaćica prozirnu venčanicu, a potom nestade u mraku iz kojeg se pojavi neko u beloj mantiji.

- Uplašena si? Smiri se i opusti se! – progovori ženski glas iz mantije.

- Pobogu, ko ste sad vi? – upita Wanessa iznenađeno i držeći u rukama venčanicu kako ni sama nije znala šta joj je činiti. Osvrtala se. Pokušala je razaznati sve oko sebe i ništa nije videla.

- Zašto to mora ovako?- mislila je u sebi.

- Tako i nikako drugačije! – odgovori žena u mantiji, kao da joj je čitala misli. Iz dva oka je svetlucalo, titralo kao plamen iz sveća i na trenutak se obasja lice žene, pa Wanessa vide kako je lepa i momentalno dobi poverenje, pa kad je ona poče skidati ni na kraj pameti joj više nije bilo da se bilo čemu opire.

Ubrzo joj je odeća bila na podu, bez reda razbacana, a ona bez odeće na sebi u slatkoj nežnoj opuštenosti sa očima zatvorenim kao laticama cveta. Mlada žena joj je mazala telo mašću koja je čudno mirisala i nekako hladila kožu kao povetarac s polenom u proleće. Baš polen i oprašivanje, kao vid oplodnje na neki način, i slikovito, s mnogo šarenih boja, počeo joj se vrzmati mozgom. Kao maleni pupoljak oprašenih sitnih dlačica se otvorio i zamirisao na svoj i onaj dobro poznati način koji kod muškarca stvara želju. Ženica se saže. Kleče i poljubi dlakavi čarobni trougao.

- Nevesto mlada! Knez tame će opštiti s tobom noćas! Primićeš ga u svoj njegovoj lepoti, snazi i veličini.

Seme njegovo će položiti u tvoju matericu i postaćeš mu odana jer si počastvovana da ove godine budeš ti odabrana da mu zatrudniš i rodiš.

Wanessa je stajala i zamišljala gospodara zla. On joj se učini jako velik i nekako večit, a ona pred njim mala i krhka. Baš to saznanje da je on moćan i ogroman, bez početka i kraja zapravo želi uživati u njoj tako beznačajnoj, običnoj, ali lepoj devojci, je delovalo na nju da mu se treba bezrezervno podati i usrećiti ga. Kako god bilo, ali i on mora orgazmirati da bi ejakulirao i tako me oplodio. Sad to joj i nije bilo baš jasno!

Orgazam i s njim izbacivanje semene tečnosti je proces koji kad krene kod muškarca, dok traje, ima zapravo u biti poraz i kada slast iz testisa ističe i prestaje erekcija.

Cilj ženine lepote i seksualnosti je baš to!

- Erekcija kod muškarca a zatim izazivanje orgazma, pa ejakulacija semena da bi se izvršila oplodnja. Žena je kao divna bašta, plodna i blagorodna u koju je užitak posaditi seme. Ali, ako je kod muškarca tako i taj proces, zašto i đavo mora isto? On je svemoćan i mogao bi me oploditi i na neki drugi način i pridobiti isto tako. Za uživanje bi se mogao snaći i sam. Baš sam mu potrebna ja!?

- Spremna si, nevestice?! - kaza joj mlada žena u beloj mantiji pošto navuče na nju tanku prozirnu venčanicu.

- Vodi me! – kaza Wanessa i pruži joj ruku drhteći od uzbuđenja.

Njih dve se izgubiše nekud u tami.

III

Do polaska na studije, ostalo je nešto više od mesec i po dana. Anđela je to vreme iskoristila za šetnje gradom i upoznavanje s gradom, kao i za obavljanje raznih kućnih poslova s ciljem da se što više dopadne ujaku i ujni. U kući se tačno znao red, kad šta treba raditi i gde se šta mora nalaziti.

Ujak Francisko je odlazio jutrom rano na posao, a vraćao se posle podne. Tad bi se obično odmorio malo, istuširao i popio sok od breskve ili kajsije. Potom bi oblačio zeleni kombinezon i odlazio da radi nešto oko kuće u vrtu. Uvek bi još prethodnih dana isplanirao šta će raditi i nikad to ne bi bio obiman posao.

Sat–dva svakog dana bez izuzetka, osim subote i nedelje, ali rezutat njegovog rada bi zaista bio vidljiv s vremenom, i što je naročito važno, sve je temeljito obavljao. Subotom bi se posvetio porodici, a na prvom mestu Anni i njenim željama. Često je to puko snadbevanje namirnicama, ali i razmatranje kakvih bitnih stvari vezanih za domaćinstvo, ili pak po pitanju njihove jedine kćeri Annalise, koja je živela s mužem na drugom kraju grada i odskoro venčana.

Nedeljom ujaka Franciska nije ništa zanimalo sem nedeljnog izdanja svojih omiljenih novina koje tada imaju i povećan broj stranica i dodatke vezane za kulturu i slično.Novine nije nikad kupovao običnim danima, ali je nedelja zato bila strogo posvećena čitanju, i to bukvalno od slova do slova. Ništa nije propuštao da pročita i kada bi ga ko stručno analizirao po tom pitanju, onda bi došao do zaključka da mu je nedeljno prelistavanje novina zapravo ritual i nikako ne bi mogao bez toga na svojoj sofi u sobi za boravak, gde ni jedna jedina muva ili ne daj Bože komarac može, niti sme, da ga ometa u tome.

Nije on bio diktator. Naprotiv! Ujak Francisko je bio miran i povučen čovek. Retko bi glas povisio, ali je imao svoj program po kojem je funkcionisao i tako mu je bilo lepo. Njegova žena Anna je poštovala taj njegov ritam života, koji zapravo nikoga ni u čemu nije ugrožavao.

Jedino je jedna osoba bila zaista ugrožena od Franciska, ali toliko da je to bilo i po život opasno. To je Anđelin otac Paolo. Njega Francisko nikada nije baš voleo, a kada mu je umrla sestra, Anđelina mama, i pošto se Francisko uverio da je Paolo kriv za njenu tragediju, onda je uzeo pištolj i pošao da ga ubije.

Ni to nije činio s velikom bukom, niti je pretio, i bilo ko, ko bi se, sem njegove Anne, našao tada u njegovoj blizini, ne bi ni u snu posumnjao da Francisko ima zločinačke namere. Ipak, Anna ga je dobro poznavala, tačnije, ni ona nije imala nekog iskustva po pitanju njega i njegove namere da ubije Paola, ali je zato u podsvesti osećala i nekako znala da baš čovek poput njenog Franciska, iako ni mrava ne bi zgazio, ipak u nekoj situaciji može biti opasniji od onog koji po ceo dan galami, preti ili sikće.

To se dogodilo tako što je Francisko danima patio za sestrom. Jednog je dana jednostavno nestao, a kako nije uobičajeno da baš nestane, onda je Anna posumnjala da nešto nije u redu sa Franciskom. Prvo joj je palo na pamet da pogleda gde je pištolj. Pištolja nije bilo i pomislila je da je Francisko uzeo pištolj da sam sebe ubije, ali je to odbila kao mogućnost jer je smatrala da joj muž ne želi samog sebe kazniti, jer za to nije bilo razloga, već je neko drugi na tapeti.

Ko bi drugi bio sem Paolo?

Alarmirala je policiju i Franciska su našli na jugu kad je izlazio iz voza. Dozvolu za nošenje oružja je imao i niko ga zbog toga nije mogao osuditi, a namere se nisu mogle dokazati niti je ko potegao pitanje tim povodom. Sve je zataškano.

Nedelja je dan kada ujak Francisko čita novine, ali to ne znači da su tim danima posete zabranjene. Tako je te nedelje, prve nedelje od kad je Anđela u ujakovoj kući, došla Annalise u posetu. Ona je tek koju godinu bila starija od Anđele i zapravo se njih dve nikada nisu videle. Znale su jedna za drugu, i čak je Annalise jednom kao malena devojčica boravila u njenoj kući na jugu Italije, jedan dan, ali sticaj okolnosti je bio taj da se njih dve nisu ni srele.

Ona je bila poput majke energična i žustra, ali prijatne spoljašnosti kao njen otac. Za razliku od nje, njena majka Anna je baš bila slika i prilika žene koju obično zamišljamo kao gazdaricu. Recimo kada čovek krene u potragu za stanom i kada se javi žena s one strane žice koja nudi stan, odmah se tom čoveku složi slika krupne žene, sa velikim grudima i bez struka, a pozamašne zadnjice. Obavezno mora imati i ruke na struku u položaju koji ne obećava dobro, a glavu okrenutu malo na stranu da bolje čuje i lakše pronađe razlog za napad.

Ipak, takve žene tipa " valjak" su dobroćudne ako se, na neki način, podređeni uklapa u okvire njenog ubeđenja i pravila; onda ona neće pod-obavezno-tražiti dlaku u jajetu ili pak kavgu.

Anđela i Analisse su se tog dana šetale, ćaskale i uglavnom lepo družile

- Sviđa li ti se kod nas, Anđela?- upita je sestra.

- Da, veoma! Ujak je divan, ali on ima svoj stil života i gotovo da ga ne primećujem - ispriča Anđela. Okrete se veselo u pravcu ptice koja iznenada izleti iz žbuna poput fazana u lovačkim pričama i to je malo začudi, ipak, nastavi.

- Ujna Anna je pak uvek tu i puna je pažnje prema meni, čak mislim preterano, i to me pomalo brine!

- Zašto te to brine? Tako je u redu i verovatno si zaslužila, a mama mi se pohvalila da si vredna i da hoćeš i umeš mnogo toga vezano za kućne poslove – ispriča Analisse.

- U pravu si, Annalise. Ljudi u međusobnim odnosima, o bilo čemu da se radi, treba da pruže jedni drugima što mogu, a da bude dovoljno, tačnije, ne ispod minimuma. Kasnije prema potrebi dodavati i ulagati više ako je potrebno, pa se na taj način ne crpe svi potencijali još u početku – reče Anđela dok ju je Annalise pomalo zapanjeno slušala.

- Da nisi ti, draga rođako, malo više iskomplikovala situaciju koja uopšte nije tako složena? – upita je Annalise.

- Slažem se da nije složena situacija, već je u najboljem redu, i zato sam sigurna da nije uopšte neophodno od strane tvojih roditelja veliku energiju trošiti u preteranoj pažnji prema meni. To me samo plaši da kasnije, kad se eventualno situacija iz nekog razloga usложни, neće više biti niti volje niti snage za ulaganje u zdrav i kvalitetan odnos.

- Mnogo razmišljaš o životu, Anđela. To je divno, ali bojim se da ćeš na taj način razdvojiti bitne elemente od kojih se sastoji praktičan deo života. Da li misliš da u vezi između muškarca i žene treba postupiti isto? – zapita je Annalise.

- Da. Svakako. U vezama dvoje supružnika i slično, mnogi čine veliku grešku i u početku da bi zadržali partnera, oni pružaju jedno drugom maksimum, a potom nakon izvesnog vremena istroše se u tome i brak nastaje monoton u svim parametrima koji ga čine zajedništvom – objasni Anđela Annalisi koja ju je posmatrala sa iskrenim divljenjem.

- Mnogo čitaš, Anđela, i mlada si, a uspevaš ući u dubinu odnosa među ljudima. Ja te ne mogu baš pratiti, ali moram da ti se pohvalim da imam u svojoj sobi, pored tvoje, izuzetan izbor lepih knjiga i ne znam da li će ti se svideti i koliko je ta literatura ono što te zanima! – kaza Annalise i povede rođaku u svoju sobu.

Ujna Anna je pripremala ručak, i to onaj nedeljni, kada je najobilatiji i najkompletniji i predviđen da se u njemu tog dana i najviše uživa, natenane, uz razgovor i bez straha. Naročito je Anna bila srećna kada je videla Anđelu i svoju kćerku tako vesele, rumene i raspoložene. Prijalo je obema društvo.

- Ovo je moja soba, Anđela. Ne znam da li si bila u njoj, ali je ja mnogo volim. Mogla sam sve to odneti sa sobom u kuću gde živim sa svojim mužem, ali nisam htela kvariti bilo šta vezano za svoje devojaštvo kod roditelja, ovde u ovoj kući.

U ovoj sobi sam živela u svom svetu i iz njega sam izlazila samo kad sam morala.

- Koji je to svet? – upita znatiželjno Anđela.

- To je svet onostranog. Realnosti koja je za mnoge fantazija, ali je izvesno da je svet ili su svetovi oko nas, prolaze kroz nas i postoje, štaviše, radi nas! - kaza Annalise i pogleda u Anđelu želeći da vidi njenu reakciju.

- Misliš na natprirodne sile i sve to? – upita je Anđela.

- Mislim na to, ali sam ubeđena da ništa nije natprirodno jer se nalazi u ovoj prirodi, oko nas – odgovori joj Annalise.

- Mnogi misle verovatno da si zaluđena glupostima! Zar ne? - upita je Anđela.

- Da. Moji se ljute na mene i čak se podsmevaju jer misle da su duhovi i tako ta stvorenja, neke pojave kojima su se zanimali ljudi u srednjem veku, a da je ovo moderno vreme! – odgovori joj Annalise.

- Ne mislim tako! Ti si samo napravila korak napred u svojoj svesti i tako verovatno prevazišla materijalne dogme koje vladaju svetom, ali koje će ga sigurno i uništiti – odgovori joj Anđela.

Annalise je posmatrala Anđelu. Bila joj je interesantna.

- Pokušavam te dokučiti, rođako! Vidim da te interesuje filozofija vezana za život, ovaj realni i opipljivi, ali u isto vreme praviš prelaz u onostrano i odobravaš taj aspekt naše realnosti, a da ga ipak dovoljno ne poznaješ!?- ispriča Annalise.

- Naprotiv, Annalise! Imam utisak da sam sve više između ta dva sveta i da se oba iz nekog meni neznanog razloga otimaju za mene! Podjednako me privlače oba, jer smatram da smo samo gosti na ovom, a da bi na onom pak uživali u privilegijama zadobijenim kao na kakvom ratištu. Pitanje je samo za kakvu vojsku vodim rat; izvesno je da u obe postoje odlikovanja.

- Ti si zaista interesantna, Anđela, nego vidim da si lepa poput anđela! Čula sam od oca da lepše žene od tvoje majke nije bilo u kraju. Mora da si na nju! – kaza Annalise.

- Hvala ti na komplimentu, rođako, ali verujem da mi sudbina neće biti kao u moje majke!- odgovori joj Anđela, uznemirivši se na trenutak i uzdahnu duboko.

Annalisi bi žao što je podsetila Anđelu na tako tužan događaj njenoga života. Nije htela više o tome, ali Anđela sama dodade:

- Moj otac Paolo je bio ljubomoran do bola. Naprosto, bolestan po tom pitanju, mnogo je voleo moju majku, a kako i ne bi, ali se bojao za nju i nije joj verovao.

Tad se dogodilo...! – Anđela htede završiti rečenicu, ali vide da će zaplakati i stade u pravi čas.

Annalise je momentalno uhvati za obe ruke i steže koliko je mogla.

- U redu je, Anđela! Neka, zaboravi to. Idemo na ručak.

Njih dve izađoše iz sobe i siđoše u donji deo kuće. Vrata su ostala odškrinuta. Svetlosni zrak sa upaljenog lustera je osvetljavao deo hodnika.

Annalise je posle ručka otišla svome mužu i malenom sinčiću. Ujak Francisko je pročitao svoje novine već odavno i noć se spustila. Pripremao se da sa svojom ženom gleda njihovu omiljenu seriju u određeno vreme.

Anđela je oprala posuđe, a potom se popela u svoju sobu. Kad ču glas iza sebe, to je uplaši i ona se trže.

- Ah!.. to ste vi, ujna!

Ujna Anna priđe sva narogušena.

- Ko je upalio svetlo u onoj sobi, Anđela? – upita ujna i pokaza rukom.

- Annalisa je upalila, ujna, ali je zaboravila da ugasi! – reče Anđela i sleže ramenima pa nastavi nešto premeštati radi sebe, jer joj se svetlo u susednoj sobi učini nevažnim a ionako tu i tamo uvek nešto svetli.

- Zašto ga nisi ugasila kad se odavde lepo vidi da svetli? – upita je ponovo ujna, podbočivši se.

Anđela sede u fotelju i zagleda se u ujnu. Sad je bila kao u klopci.

- Jednostavno nisam obratila pažnju na to a i da jesam, verovatno bi se dogodilo isto, ili možda ne, ko zna? – odgovori joj Anđela mirno i verovala je da je to dovoljno.

- Šta bi se dogodilo isto!? – viknu ujna.

Sad Anđela vide da je vrag odneo šalu, da je stvar ozbiljna, mada se ne radi o požaru u kući, već o običnoj sijalici.

- Dogodilo bi se da ne bih ugasila, mada ne zasigurno, jer bi mi možda i palo na pamet da ugasim. Zapravo je to mala stvar da bi joj se pridavao toliki značaj, ali obećavam, ujna, da mi se to više neće desiti i da ću ubuduće gasiti svetlo, gde god vidim da gori bez potrebe - odgovori joj Anđela i ne znajući zašto je kriva, ali da bi izbegla dalju prepirku.

- Kakva je to galama ovde?! – bio je ujak Francisko na vratima.

- Nije važno, Francisko! Sigurno da kod kuće nije naučila neke stvari, ali ovde to ne prolazi! – kaza ujna i krete prema vratima sva natmurena kao vreme pre kiše.

- Nemoj je grditi, Anna! Dobra je ona. Još je dete – reče Francisko i pomeri se sa vrata da bi Anna prošla.

Anđela ih je zabezeknuto gledala iz fotelje dok su odlazili.

IV

Novac je Anđeli slao otac. Ona je krenula na studije i u početku joj je to bilo dovoljno, ali s vremenom su potrebe bivale sve veće i ona shvati da se mora snaći za pare.

Tako odluči da sama zaradi nešto novca. Pogleda u oglasima ko traži kućnu pomoćnicu ili slično, te pročita jedan u kojem je pisalo: „Traži se devojka za pomoć u kući. Jednom nedeljno. Plata po dogovoru.“

To joj bi interesantno i ona se spremi, pa pod izgovorom da ima praksu, ona pohita na naznačenu adresu.

Beše zimsko doba i dan na izmaku. Anđela je gazila odlučno, ne mareći mnogo što jedva može disati od hladnoće. Ušla je u zgradu, pa kad pronađe stan koji se nalazio na poslednjem, četvrtom spratu, ona zazvoni. Na vratima je pisalo: Marko i Katarina Buscetta.

Vrata velika i masivna se otvoriše. Pojavi se žena mlada, lepa i raspoložena.Ona progovori:

- Izvolite! – uz osmeh i plamen iz plavih divnih očiju. Znala je o čemu se radi.

- Ja sam došla povodom oglasa – prozbori tiho Anđela.

- Odlično! Uđite – povede je žena unutra i smesti u lepu i veliku dnevnu sobu, pošto je raskomoti prethodno. Katarina zatim ode u kuhinju i ubrzo se vrati s čajem. Dade ga Anđeli, a tad i sama sede u udobnu kožnu fotelju, prekoputa nje i reče joj:

- Muž mi nije tu, ali se možemo i nas dve dogovoriti.

- Šta bi trebalo da radim ? – upita Anđela.

- Eto, ovako. Jednom nedeljno, i to subotom, trebalo bi da dolaziš i pospremiš stan, očistiš, opereš ono što je za pranje; naravno, ako sve to umeš – objasni joj Katarina.

- Budite bez brige! – odgovori Anđela.

Njih dve utom porazgovaraše još o nekim bitnim stvarima u vezi s poslom, a zatim se Anđela oprosti i ode.

Kad se varatila kući, bio je već odavno mrak a ujak i ujna pred televizorom. Ona je prvo ušla u dnevnu sobu i javila im se, a potom krete u kuhinju, ne bi li spremila što na brzaka za večeru.

- Imam nešto da te pitam, Anđela! – reče joj ujna oštro i ne skidajući pogled s televizora.

- Opet počinješ, Anna! – prekori je Francisko.

- Ti da ćutiš! Zbog tebe je sve ovo ispalo! - reče mu Anna i pogleda u Anđelu koja nečujno i u iščekivanju sede za sto.

– Danas posle podne si izašla iz kuće! Jel tako?

- Da. Imala sam vežbe – odgovori Anđela i dalje pogledajući jedno i drugo. Ujak je ućutao već nakon prvog prekora, tako da je izgleda Anđeli ostala izravna borba sa ujnom, iako zapravo nije znala niti slutila gde je pogrešila.

- Dok si izlazila, morala si da gaziš preko vode i to ti nije zasmetalo! Nisi se ni upitala zašto je ta voda na stazi, štaviše i na ulici!? – upita Anna Anđelu poput kakvog islednika.

- Ostavi je, Anna! Ja sam kriv! Nije ona. Bio sam umoran. Znaš i sama da sam pustio vodu i prilegao da malo dremnem i niko nije kriv što se nisam probudio na vreme! – pokuša ujak da izgladi stvari i prebaci krivicu na sebe.

- Ti jesi kriv, Francisko, ali je ona nemarna i samo na to hoću da joj ukažem. Trebalo je da vidi da nešto nije u redu i da potraži tebe, ili da sama zatvori vodu – reče ujna Anna.

- Videla sam da je vode više no što treba, ali da sam zatvorila dovod, možda bi baš to bila greška. U poslednje vreme što god uradim, biva pogrešno. Ako ne uradim, opet ne valja. Ja zaista ne znam kako da postupim!

- Čini kako hoćeš, ali van ove kuće! Ovde se ne možeš vladati kao kod svoga oca Paola! – odgovori joj ujna.

Anđelu momentalno prođe glad. Otrčala je u svoju sobu i dugo nije zaspala.

U njenom slučaju se počela događati klasika. Međutim, kako to obično biva, neko ko treba da oceni nečije požrtvovanje, i to isto nagradi, ili makar pohvali, što je često dovoljno, taj isti se uhvati bezrazložno za neke sitnice, pa čak i potpuno nevažne, i okrivi onog, ko je u stvari zaslužio pohvalu.

Šta se dalje dešava?

Osoba koja je na neki način potčinjena i želi da se dokaže, počinje ponovo samopregorno da obavlja zadate joj poslove. Ali, ponovo, iako je sve obavljeno kako treba, pronalazi se sitnica, što jedino ne valja, ali biva samo to bitno i sve ono važnije, što je dobro, pada u vodu.

Tako to ide u nedogled. Sve do onog trenutka dok osoba koja se trudila ne shvati da je uzaludno truditi se, jer uvek se svemu što je dobro, pronađe samo mana. Ta osoba, a ona je uglavnom zavisna od osobe što ocenjuje njen rad, gubi moral i volju. Neminovnost toga je da se drastično smanjuju rezultati rada i to lice pada u nemilost. Posle toga, lice u nemilosti zapada u psihičko stanje nervne rastrojenosti, depresije i razdraženosti.

Prošlo je tih teških nekoliko dana, a u subotu je Anđela ponovo došla kod bračnog para Buscetti. U stanu je ovog puta bio i Katarinin muž Marko.

Uoči njenog dolaska supružnici su razgovarali:

- Kažeš, treba da dođe neka mlada cura?- prozbori Marko.

- Jeste, mlada i lepa! – reče šaljivo Katarina pa poljubi muža.

Marko je bio muškarac stasit i zgodan. Sviđao se ženama. Katarina je to znala. Ona ga je volela i nije mogla zamisliti da ga deli s nekom drugom. On se gotovo uvek šalio; retko je bio ozbiljan, a kad bi i bio, niko mu to nije verovao.

Njih dvoje su živeli u harmoničnom braku sa četvorogodišnjim sinom. Katarina je bila mozak u porodici, što Marko nikad ne bi priznao. Ona mu je povlađivala, a on je obožavao njenu seksualnost i ženstvenost.

Dok su oni tako razgovarali, zazvoni na vratima i uđe Anđela. Skide kaput u hodniku, a potom se pojavi u dnevnoj sobi. Nosila je farmerke i crveni džemper koji se salio uz struk i čvrste grudi, pa vrat. Crnu kosu kao gar je zaplela u punđu, a iz dva oka smaragdnozelene boje se nazirao osmeh. U zenicama se naslućivao titraj kao skriveni odsjaj, što zrači iz nukleusa, unutar nemirnog duha.

- Vi ste znači devojka koja se javila na oglas? – upita je Marko, pošto je ljubazno ponudi da sedne.

- Da, jesam. Iskreno se nadam da ćete mnome biti zadovoljni – kaza Anđela uz osmeh.

Pošto donese čajeve, pridruži im se i Katarina. Ona se divila Anđeli i osećala prema njoj neku bliskost. Marko se takođe divio Anđeli i osećao prema njoj želju. Anđela se divila Marku i njegovom šarmu, a osećala dragost prema Katarini.

Sve u svemu, uspostavilo se nešto tajno i nevidljivo između njih troje.

Nakon čaja, Anđelu su upoznali s poslom kojeg treba da obavlja. Stan je bio veliki, četvorosoban i zaista je trebalo mnogo toga uraditi.

Ubrzo je, još tog dana, dokazala da se nisu prevarili u izboru za kućnu pomoćnicu. Kada je odlazila, Katarina joj reče da može da navrati kad god to želi, ako hoće. I ona ode srećna i zadovoljna od njih.

Ujak i ujna nisu znali da Anđela radi i tako je ona odlazila svake subote kod Buscettijevih. Jedva je čekala taj dan da bi išla da radi kod njoj tako dragog bračnog para. Novac joj je bio motiv kad je prvi put otišla, ali s vremenom, postalo joj je nešto drugo važnije; pare su otišle u drugi plan.

Anđeli je Katarina bila izuzetno mila i bile su kao dve sestrice. Često su pravile šale na Markov račun i tome se smejale. Njemu to nije smetalo. Naprotiv, uživao je.

Ponekad, Marko nije bio u kući, a nekad Katarina, ili oboje. Posao je postajalo druženje, a druženje sluti na... Ko zna!

U maju se priroda već uveliko beše probudila iz zimskog sna, a proleće se postepeno pripremalo da ustupi mesto letu. Sve beše nekako svečano, odišući lepotom, bojama i mirisom, a radost je ušla u srca ljudi, odapinjući nepogrešivo strele ljubavi. I Anđela beše radosna kad joj je Katarina predložila da kroz nekoliko dana odu kod njenih na selo. Bila joj je potrebna pomoć oko velikog spremanja na imanju, a imala je stare roditelje koji nisu bili u mogućnosti to da urade sami.

Domaćinstvo Katarininih beše tipično seosko, s velikom kućom i svim pratećim objektima za živinu i stoku. Zatim ambarom za hranu uz prostrano dvorište, te baštom i voćnjakom.

Dok se auto kretao ka selu, Katarina je već pravila raspored, ko će šta raditi tog dana.

- Ti ćeš, Marko, krečiti voćke danas, jer je to ono što umeš – reče Katarina mužu koji je upravljao vozilom.

- Obožavam taj posao! - reče Marko ironično, pogledavši prvo ženu koja je sedela na mestu suvozača, a zatim Anđelu preko retrovizora, zadržavši svoj pogled na njenom licu toliko dugo, da je ona morala skrenuti svoj u stranu.

U toku vožnje je Marko pecao Anđeline oči u retrovizoru i njen pogled iskušavao sve dotle dok se ona ne bi nasmejala oborivši glavu. Sve se to događalo u toku razgovora, a Katarina nije mogla primetiti tu igru koja se vodila između njenog muža i devojke u koju ni najmanje nije sumnjala. Anđela je sve češće i sama tražila Markove oči na retrovizoru i izazovno se smešila.

- Da li ću stići na voz posle podne, jer vi ostajete ceo vikend na selu a ja se moram vratiti danas?- upita Anđela.

- Kako da ne!? Marko će te odbaciti autom do stanice – odgovori Katarina.

- To ako bude zaslužila – kaza Marko

- Ja mogu i peške ako se to vama dopada! - reče Anđela podrugljivo Marku i kao da je ljuta.

Katarina se na to okrete k njoj. Klimnu glavom i namignu u isto vreme, dajući joj do znanja da je sve u redu i pod kontrolom.

Anđela oseti onaj poznati bol u grudima. Bol kada zaplače duša usled borbe osećanja s jedne strane, i savesti i razuma s druge.

Tog dana su svi obavljali svoj posao kako treba i samim tim sve je teklo u najboljem redu. Jedino je mali Guido po ceo dan jurio živinu jer toga u gradu nije bilo, a kad bi se tu i tamo na momente umorio, onda bi se igrao sa babom i dedom ili pak nešto zanovetao ostalima.

Dan se približavao kraju, a sunce u zenit kada je Marko pokrenuo svoj auto, povezavši Anđelu na železničku stanicu. U toku vožnje, Anđela nije progovorila ni reči jer je osećala nelagodnost. Gledala je ispred sebe dok je Marko spretno vozio vijugavim i uskim seoskim drumom.

Na nekih stotinak metara od železničke stanice, Marko parkira auto, a zatim njih dvoje krenuše stazicom kroz omanji šumarak peške. Već se smračilo, a vazduh je bio tako čist da Anđela zastade uz ogradu mostića ispod kojeg je žuborio potok. Ona udahne vazduh punim plućima. Utom oseti da je Marko iza nje, a njegove ruke stisnuše nežno njena ramena i počeše se spuštati lagano niz ruke, sve do samog struka. Kad šake obaviše nežno struk, ona zatvori oči i malo zabaci glavu unazad znajući da više nema ni volje, ni snage, ni moći da se odupre.

On se pripio potpuno uz nju dok je jedna njegova ruka dodirivala stomak, a druga se polako počela penjati gore, da bi ubrzo već svom silinom upala među njene grudi. Osećala je njegov dah i poljubac u vrat. Slatka jeza joj je tutnjala telom. A onda, iznenada, kao grom iz vedra neba, razum pobedi u njoj strast. Anđela se naglo okrete i obema rukama odgurnu Marka koji ju je zapanjeno gledao.

- Beži! Skloni se od mene! – kriknu Anđela, pomerivši se i sama korak unazad.

- Stani! Šta ti je?! Neću ti ništa! - viknu Marko, krećući se prema njoj. Vide njenu odlučnost i odustade.

Začu se pisak lokomotive u daljini. Ona potrča prema stanici, dok je rukama brisala suze koje su joj navirale na oči i obraze. Marko ostade gledajući za njom. Osetio je u trenutku divljenje prema toj devojci. Shvatio je da više ne može bez nje. Očarala ga je i pojavom i držanjem. Naprosto, postojanjem.

Marko je iz dana u dan postajao sve čudniji. Obaveze na poslu i u porodici je počeo naglo zapostavljati. To je već svako mogao primetiti. Zapazila je to i Katarina. Ona se ozbiljno zabrinula za muža. Pokušavala je da shvati šta se to s njim dešava.

Žena ga je mazila, dirala i zadirkivala. Ubrzo je zaključila da je on više ne voli i da je neka druga u pitanju. Napad ljubomore ju je spopao u najjačem mogućem izdanju. Osećala se prevarenom i odbačenom od čoveka kojeg je volela najviše na svetu. Suparnicu je sad mrzela iz dna duše. Panično je premotavala film u glavi ne bi li se dosetila o kojoj je reč.

- Marko! Ti mene više ne voliš?! - kaza umiljato, ona svome mužu.

- Šta ti pada na pamet, ženo!? Volim te i uvek ću te voleti! – odgovori u čudu Marko.

- Ti voliš drugu!? To se vidi iz aviona! Ja to nisam zaslužila! Da mi je samo znati koja je to?! Oči bih joj iskopala i džigericu izvadila – kaza u besu Katarina. U trenutku naglo zastade. Zamisli se. Zatim priđe prozoru i nasmeja se uz lagano klimanje glave.

- Baš sam budala! Otkud mi ranije to ne pade na pamet? – zatim Katarina priđe Marku. Poljubi ga u čelo i pomilova po kosi.

- Ne brini, mužiću moj! Biće sve u redu. Ja to znam. Ti si moj i ostaćeš moj.

Marko ju je zabezeknuto gledao.

Došla je subota. Anđela se nije pojavila u stanu Buscettijevih. Katarina nije htela da pita zašto. Marko nije smeo da pita zašto. Oboje su se ponašali kao da nikad kućnu pomoćnicu nisu ni imali.

V

Anđela više nije odlazila kod Marka i Katarine. Za to nije imala hrabrosti. Nije znala kako da pogleda Katarini u oči posle onoga što se dogodilo u šumarku, a isto tako ni da se suoči sa Markom, prema kojem nije bila ravnodušna.

Ubrzo je došao i kraj prve godune studija, i došlo je leto, koje je Anđela provela kod kuće na moru. Ona je s oduševljenjem obilazila svoje rodno mesto i prisećala se događaja vezanih za svoje detinjstvo.

Prvo je pronašla Mirelu. Njih dve su se izljubile kao da se nisu videle čitavu večnost a zatim su zapodenule razgovor o svemu i svačemu, uz ciku, smeh i razdraganost.

Sedele su u taverni, ispijale kapućino i pričale, kad u lokal uđe mlad momak. Ugledao je Mirelu i prišao im.

- Izvoli! Sedi, Stefane – reče Mirela i pomeri se.

On sede pored Mirele a nasuprot Anđele koja ga je netremice gledala. Mirela pošto upozna Stefana sa drugaricom, nastavi vidno uzbuđena:

- Stefan i ja se poznajemo već oko godinu dana. On je mornar na prekookeanskom brodu. Ne viđamo se mesecima, ali zato kad dođe s plovidbe, onda se ne razdvajamo.

Stefan je pogledavao Anđelu. Nije krio oduševljenje. Upijao ju je pogledom.

- Cvet poput tebe je rastao u nekom čarobnom vrtu!?- obrati joj se.

- Molim!? – iznenađeno će Anđela kao prenuta iz slatkog sna.

- Da. Zapravo mislim da takvi vrtovi postoje u bajkama i pričama. Lepotice su pohranjene tamo i čudesa od kojih zastaje dah. Nama običnim ljudima ostaje da sanjamo o takvim stvarima i maštamo u nedogled - ispriča Stefan i sačeka.

Devojke su se pogledale istovremeno. Stefan nastavi. Gledao je u Anđelu.

- Da. Žene su poput ruža. Ima ih raznih veličina, boja i mirisa – kaza i uzdahnu.

- Šta je pisac hteo reći? – dobaci Mirela.

- Da su sve podjednako lepe i mile! - dodade Stefan setno.

- I da imaju bodlje, naravno. Mogu da ubodu - umeša se Anđela.

- A to boli! – kaza Mirela i odmeri Stefana vragolasto očima.

Stefan se našao u sendviču. Nije mu baš prijalo. Da bi se izvukao, on predloži vožnju kabrioletom. Devojke pristadoše.

Dani su prolazili jedan za drugim. Anđela je sve više razmišljala o Stefanu. Bio joj je zanimljiv. Sviđalo joj se to što je umeo lepo i interesantno da priča. On im je pripovedao o svojim dogodovštinama sa dalekih i egzotičnih putovanja. Kod Anđele je to raspirivalo maštu, radoznalost i žeđ za nepoznatim. U svojim vizijama je stvarala sliku nekog malenog pustog ostrva sa palmama i bananama, sa kokosom i raznim voćem. U svojoj mašti je ona boravila na tom ostrvu sa voljenim muškarcem, kome bi ona poklonila svoju ljubav. Oni bi živeli tako u sreći i ljubavi a daleko od sveta i svega lošeg u njemu što bi moglo da ih ugrozi.

Ipak, lik tog muškarca iz mašte ona nije uspevala da raspozna. Sada joj se činilo da je to baš Stefan i da niko drugi to ne može biti.

Stefan je često prolazio putem iznad njene kuće. Da li je to bilo namerno ili slučajno?! To samo on zna.

Anđela mu je mahala a on bi zatrubio i prolazio. I dani su prolazili a ona ga je iščekivala. On je prolazio, a ona mu mahala i mahala.

Viđala ga je ona u društvu drugih devojaka. To joj nije smetalo da mašta o njemu kao mladiću iz snova. Bio joj je izazov i opsesija.

Jednog jutra je Anđela bila sama u kući. Otac kao obično na poslu, a brat na pijaci u obližnjoj varoši. Ona začu sirenu. Istrča iz kuće. Ugledala je Stefana koji joj je pokazivao rukom da dođe. Put je prolazio iznad njihove kuće na otprilike u visini krova i podalje, jer je između njihove kuće bilo nekoliko redova limunovog drveta na strmoj padini.

Anđela se uskoro pojavi pred njim.

- Zdravo, Stefane! Otkud ti? – upita ga.

- U prolazu sam. Rekoh sebi da bi bilo u redu da te priupitam da li hoćeš sa mnom danas na kupanje – izgovori Stefan dok je nekakvim štapom koji je našao u međuvremenu pokušavao da izvadi kamenčić iz zemlje pored asfalta.

Bio je pomalo uzrujan. Otprilike kao mali dečko, koji od mame želi da iznudi nešto, a nije siguran u uspeh.

- Nas dvoje na kupanje? – upita ga glasno i pogleda levo i desno.

Uverivši se da niko ne sluša, ona će tiše:

- Zar nemaš s kim?

- Možda imam! Zaista mi je stalo do tebe. Želeo bih jedino tebi posvetiti današnji dan. Sve ostale dane i ceo život! – kaza Stefan i uze njenu ruku, te je stavi između svojih dlanova.

Anđeli je baš to prijalo. Ipak, ona istrže ruku i dodade:

- Ti si ženskaroš. Svakoj to govoriš.

- Varaš se, Anđela. Jesam lutao. Tražio sam pravu. Sad ti mogu reći da sam našao. To si ti, Anđela – ispriča Stefan.

Nju poslednje reči dojmiše. Ona pocrvene u obrazima i Stefan to primeti.

- Naklonost tvoga srca, bila bi za mene najveća blagodat na svetu i veruj mi, samo otkrovenje – doda Stefan, uzevši je ponovo za ruku.

Anđela ga je posmatrala širom otvorenih očiju. Reči delovaše na nju. Mislila je da ako je to što joj je ovaj momak izgovorio istina, tada bi mu se istog trena bacila u naručije izgovorivši:

- Tvoja sam!

Ipak, ako je to sve laž?! Šta onda?

U trenutku joj protutnja bezbroj misli kroz glavu.

- Možda sam mu ja zaista ona prava? Da li me zaista voli? Šta ako to nije istina, a ja mu poverujem? Ali, on to samo tako govori, kao i svakoj drugoj! Ipak, on je tako interesantan. Ima i taj auto. Zanimljivo je s njim. Na kraju krajeva, vreme će pokazati da li me zaista voli! Kako ću to znati ako ga odbijem?

Istog poslepodneva su njih dvoje jurili autom duž krivudavog puta uz more. Nakon pola sata brze vožnje, Stefan uspori. On tad skrete na sporedni putić koji se spuštao do mora. Ubrzo su već stigli do male peščane plaže koja je bila skrivena među stenama i pravo je umeće bilo pronaći je. Stene su se izdizale tu i tamo iz mora. To je retkim kupačima, još kad su u paru, pružalo potpunu intimnost.

Anđela i Stefan su bili izvrsni plivači. Dokazivali su jedno drugom šta umeju, a šta ne. Na kraju su skakali u vodu sa stene.

Nakon što su se dobro izmorili, odlučiše da se sunčaju. Sunce na zalasku je pod kosim uglom još uvek obasjavalo plažu. Senka od stene koja se uzdizala visoko iz mora i završavala u špic je padala na sredinu plaže i kretala se poput velike skazaljke na časovniku. Vazduh je bio vreo. Ne toliko od sunca koliko od peska koji je zračio toplinom.

Stefan predloži da ga Anđela zatrpa peskom. Ona prihvati. Prvo mu je zatrpala ruke, zatim ramena. Potom vrat, grudi onda stomak. Pređe na stopala te listove iznad stopala. Onda kolena. Butine mu poče zatrpavati. Srce joj je kucalo sve brže.

Kroz igru je počela da se prvi put upoznaje na posredan način sa anatomijom muškarca. Kad završi posao, ona leže pored njega na stomak, okrenuvši glavu ka njemu. Netremice ga je gledala. Ubrzano je disala, osećala da je Stefan miluje pogledom po telu. On je uživao posmatrajući joj obline koje su prosto mamile u blud i preko toga. Pomilova je po kosi, a ona odmah ustrepta. Spusti svoje usne na njeno rame. Lagano i kratko je poljubi. Pogleda je na trenutak i vide kako se i ona predala uživanju. Nastavi da je ljubi i duž kičme. Ona se stresla ispuštajući nesvesno uzdahe zadovoljstva.

Stefan je tad okrete na leđa, poče joj ljubiti usne. Potom ju je cmakao po vratu, grudima i stomaku. Dopustila mu se potpuno. Htede se odupreti, dok joj je svlačio gaćice, ali nakratko.

U trenutku se sasvim sadvladala i otvorila oči. Kao da su se tmurni oblaci nadvili nad njima. Spopade je jeza i strah i ko zna šta. Rezak bol joj iznudi jauk i ona ga pokuša odgurnuti. Nije imala snage za to, niti želje, prepustila se naletu muškarca u svoj njegovoj snazi i htenju.

Plima je nadolazila polako u talasima. Stopala su im već bila u vodi. Nisu se obazirali na more. Uživali su u ljubavi. Strast je bila jača od svega. More je bivalo sve bliže, a talasi veći. Potom su potpuno bili u vodi i skidali jedno drugom so sa usana, a bilo im je slatko. More ih je upozoravalo i uznemirivalo. Tad talas veći od drugih, kao kazna u trenutku ih potopi. Anđela je grcala od vode u plućima. Htela je da pronađe peškir. Plaža je bila pod vodom. Nije bilo ni peškira, ni majice, ni suknje.

Stefan je takođe ostao bez odeće. Sve je voda odnela. Kući su se vraćali goli.

Anđela je kroz suze u autu govorila:

- Šta da radim sad, Stefane? Ja kući ne smem ovakva.

Osećala se ponižena i bilo ju je stid. Vozila se pored muškarca kojeg jedva da je znala, a potpuno gola. Pitala je samu sebe kako to da joj se ovo desilo i sve ono što se zbilo na plaži. Prvi put se u životu suočila s činjenicom da ono što je zaista lepo, kratko traje. Nakon toga sledi otrežnjenje u vidu onog velikog talasa s mora, kao udarac života sa svom svojom surovošću i beznađem u kojem se ona sad nalazila. Svefan je ćutao i razmišljao. On je znao da ona mora što pre kući jer se smrkava.

Isto tako bi joj morao naći nešto da obuče. Setio se da ima rođaku njenih godina, te stade kod nje. Skide sa zadnjeg sedišta presvlaku i njome se zamota. Uđe unutra, zatraži, a zatim donese Anđeli nešto, te se ona obuče.

Kući je došla, već beše mrak. Osećala je neku napetost u sebi, osećanje krivice i nervozu.

Tata ju je dočekao sav narogušen, podnapit i spreman za svađu.

- Gde si ti, curo, do sada?! – progovori Paolo, gledajući kćer preteći.

Anđela spusti pogled. Verovala je da joj na čelu piše šta je radila i nemajući hrabrosti da pogleda oca.

- Gledaj me u oči, Anđela, kad govorim! – dreknu Paolo.

Ona s teškom mukom diže glavu, pogleda u oca i kaza mu tiho:

- Tata! Bila sam na kupanju danas.

- To znam, ali sa kupanja se ne dolazi ovako kasno! - reče Paolo i ustade sa stolice. Napravi korak dva prema njoj te dodade:

- Usput da te pitam još! Imaš li ti što kraće da obučeš od toga?!

Pokazivao je prstom na suknjicu koju je nosila a koja nije bila njena. Paolo to nije znao, hvala Bogu!

Anđela ga je gledala sa strahom, ne odgovorivši mu. Suze su joj navirale i slivale se niz obraze. Trenutak kasnije se to pretvori u neujednačeno jecanje.

Kod Paola to stvori sažaljenje, jer u stvakom slučaju je želeo da mu kćer bude srećna. Smatrao je da ju je dovoljno izgrdio. Naredi joj da ide na spavanje. Ona ga rado posluša.

Prošlo je više dana dok Anđela nije izašla iz kuće. Otac joj je bio ljut i branio joj izlaske. Stefan nije više prolazio drumom iznad njene kuće. Možda i jeste, ali nije trubio kao pre. Anđela je čekala i želela je da ga što pre vidi.

Došao je praznik, dan kada se svi meštani iskupe u centru mesta, slaveći i ludujući do jutra. Tada iz svojih kuća izlazi i staro i mlado, pa čak i oni koji nikad ne izlaze. Normalno je bilo da Paolo pusti kćer na slavlje. On je to i učinio. Ona se tako obrela u društvu s Mirelom. Šetale su se i ćaskale. Gledale su vatromet, pompu i veselje. Sve zajedno uz metež ljudi i šarenilo je činilo pravi spektakl.

Anđela je delovala na momente odsutno. Zverala je neprestano okolo. Mirela to primeti, te će:

- Tražiš nekoga?

Po izrazu lica se moglo zaključiti da zna odgovor.

Anđela se brecnu.

- Kako to misliš? - kaza.

- Eto, mislim! Možda tražiš tipa s kojim si bila na kupanju? – dodade Mirela gledajući drugaricu direktno u oči.

- Odkud ti to znaš?! - upita je Anđela, zapanjeno je pogledavši.

- Znam ja, znaju svi. Tako ti je to kad se ostane bez odeće! - odgovori joj Mirela podrugljivim tonom.

- Odvratna si! - kaza joj Anđela, pokrivši lice rukama da bi se povratila od šoka.

- Ko je odvratan? Možda bih ja to za tebe mogla da kažem, ali nema potrebe! – dodade Mirela.

- Zašto nema potrebe?- iznenađeno će Anđela.

- Shvatila sam u stvari da Stefana nijedna od nas ne može posedovati, dok on nas može - kaza Mirela.

- To je užasno! To ne može biti! Je neću... ne želim tako! - izgovori Anđela uzbuđeno.

- Šta ne želiš? Misliš da se zacopao u tebe do ušiju i sad ne vidi nijednu drugu!? Varaš se, Anđela, jer on uvek traži drugu. Takav je danas, takav će biti sutra i uvek! - to kaza Mirela, malo zastade pa nastavi.

- Ja ga želim i meni je potreban. Ti ga voliš i tebi je neophodan. U tome je kod nas dve razlika – reče Mirela.

- Kako to misliš?- upita je Anđela.

- Eto tako. Ja ga želim jer mi je lepo u njegovom društvu i što s njim imam sve. On je lep. Ima para i auto. Uz to je dobar ljubavnik. Zato mi je potreban, ali ne i neophodan. Isto koliko je šećer potreban čaju, ali se može piti i bez njega.

Kod tebe je, Anđela, drugi slučaj. Ti ga voliš. Razmišljaš o njemu preko dana, a sanjaš ga noću. Stvorila si već u svojoj mašti budućnost s njim. Misliš da ako izgubiš njega, ruši se ceo svet. On ti osvezava život, ali i gasi. Sve zavisi od njega i zato je neophodan. Isto kao krv što teče venama.

- Ti misliš da ja ako izgubim Stefana, gubim i život? – upita Anđela.

- Ja ne! To ti misliš! - odgovori joj Mirela.

- Eto sad. Opet si zagonetna - dodade Anđela, prevrnuvši očima.

Mirela je baš tu reakciju i očekivala, pa nastavi:

- Vidiš, Anđela, ti si zaljubljena, a zaljubljenost je iluzija. Otprilike kao san. Stanje u kojem se nešto događa, ali ne možeš kontrolisati. Zaljubljenost traje kratko. Isto kao i san. Biti zaljubljen je lepo, kao i sanjati što je lepo. Patiti kad si zaljubljena je isto kao ružan san ili noćna mora. Zaljubljenost nestaje u trenu, isto kao i san, a zatim nastaje stvarnost. Realnost je da onda nastaje ili ne nastaje prava ljubav. Uglavnom ne nastaje. Razlog je taj što kasnije celu stvar gledamo drugačije, kao kroz filter. Ali, to ne treba da te brine, Anđela. Kad prestane ovo što te sad drži, postaćeš svesna koliko nisi bila svesna svojih postupaka, razmišljanja i strahovanja. Tad ćeš shvatii da ti u životu niko nije neophodan već potreban. Ja sam ti prijateljica, ali bez mene možeš u gradu, jer ti nisam neophodna. Potrebna sam ti, makar iz navike.

- Šta to govoriš, Mirela? – upita Anđela zabrinuto.

- Ja ti savetujem da se malo ohladiš. Šta je bilo, bilo je. Sem ako se ne dogodi nešto kao posledica onog što je bilo.

Anđela kad ču to, pretrne cela. Gotovo se ukoči od same pomisli šta je može snaći.

- Verovatno od vaše veze nema ništa, Anđela! Da je njemu stalo do tebe, on ne bi dozvolio da se sazna gde ste bili onaj dan.

- Možda to sve nije tako?! Ti si pesimista, Mirela! - kaza joj Anđela.

- Ja, za razliku od tebe, možda i jesam pesimista. To je stoga što tu oblast poznajem bolje od tebe – reče Mirela.

- Hoćeš da kažeš da si ti to sve već prošla?- upita Anđela

- Nisam ja sve prošla što se tiče ljubavi, već deo toga. Moja majka jeste, i od nje sam mnogo naučila - kaza joj Mirela.

- Možda sam neiskusna po pitanju vođenja ljubavi u odnosu na tebe, Mirela, ali to šta je zapravo ljubav, ja znam bolje nego ti! - reče Anđela.

-Ha! Odakle si to naučila? Iz ljubavnih romana! – doda Mirela podrugljivo.

- Ti na ljubav gledaš sa aspekta ovozemaljskog i opipljivog. Ne kažem da je to pogrešno. Zapravo je baš tako, i sve je istina što si mi rekla, Mirela. Ljubav ne treba mešati sa strašću, jer ljubav to ne zaslužuje – ispriča Anđela.

- Šta je zapravo po tebi ljubav?- upita je Mirela.

- To je ona sila koja nas sve drži na okupu i oko koje mi svi na neki način kružimo. Isto kao što Sunce drži planete, a one kruže oko njega – odgovori Anđela.

- Ti si iluzionista, Anđela! I šta onda?- upita je Mirela, znatiželjno.

- Kada bi nestalo te ljubavi, onda bi se dogodilo isto što i s planetama. Kad bi nestalo Sunca, nestalo bi sile koja ih drži i planete bi se razišle bez traga u kosmos. Ljudi bi se razišli totalno u mišljenjima. Zavladali bi mržnja, zlo i nasilje. To bi dovelo do kataklizme na Zemlji – kaza Anđela.

- Ljubav je po tebi energija?- upita je Mirela.

- Ja verujem da jeste. Na neki način ta ljubav nam se dozira, svakom ponaosob u količini zavisnoj od nivoa svesti, koju jedinka poseduje - kaza Anđela i pogleda na sat jer beše već kasno.

- Kako to misliš da od nivoa svesti zavisi količina ljubavi u posedu ljudi?- zainteresova se ponovo Mirela.

- Ljubav nam se šalje u neograničenim količinama. Što je u nekoga viši nivo svesti, toliko više ljubavi nože i da stane, i obrnuto – odgovori joj Anđela.

- Kaži mi, a da li postoji ljubav između muškarca i žene?- upita Mirela.

- To ti mogu opet objasniti pomoću nebeskih tela. Recimo, Mesec i Zemlja se definitivno ne vole, jer ne mogu da se vole. Zato se fatalno privlače i naviknuti su jedno na drugo. Kod muškaraca i žene je isto tako, sem u izuzetnim slučajevima kad se zaista može javiti prava ljubav.

- Suprotno od ljubavi je mržnja! Zar ne? – dodade Mirela.

- Da. Mržnja je stanje koje nastaje kao posledica nedostatka ljubavi. Nedostatak ljubavi je posledica nižeg nivoa svesti. Kod jedinke sa nižim nivoom svesti, javlja se i zavist, pakost i zlo u svim vidovima. Ta jedinka se gubi u beznađu poroka i mračnim putevima zla. Udaljava se tako od centra oko kojeg kruži, a što predstavlja ljubav. Tačnije, dokle god čovek ima i malo ljubavi u sebi, postoji nada za spas, jer se još uvek, doduše daleko, nalazi u orbiti oko centra iz kojega se napaja ljubavnom energijom. Na kraju ti znaci ljubavi više ne dopiru do bića i njemu više nema spasa, jer ta ista jedinka postaje ništavilo. Tačnije, dokle god čovek ima i malo ljubavi u sebi, postoji nada za spas.

- Možeš li i to uporediti s nebeskim telima? - upita je Mirela.

- Da, mogu! Sve funkcioniše po istim zakonima – kaza Anđela samouvereno i nastavi.

- Recimo, planeta Pluton je poslednja i najdalja planeta u našem Sunčevom sistemu. Na nju svetlost dopire, kako-tako, ali ipak dopire. Planeta se okreće oko svoje ose nameravajući nekuda da ide. Sad u slučaju da Pluton, iz bilo kojeg razloga, izleti iz putanje udaljujući se od Sunca, dogodilo bi se to da bi se ubrzo našla, negde beznadežno izgubljena u svemiru. Tada više to ne bi bila planeta, već nebesko telo bez značaja. Isto što i čovek, ako ostane bez i malo ljubavi, postaje ništavilo bez vrednosti.

Tako se te večeri završio razgovor između dve prijateljice. One se rastadoše.

. . .

Jednog popodneva posle nekoliko dana, Anđela dobi poruku da Stefan želi da je vidi i to ako može, istog dana uveče. Ona se dvoumila, ali nije odolela da s njim ne razgovara. Našli su se na jednoj litici, koja se uzdizala visoko iznad mora. Noć je bila tiha i bez meseca. U blizini, svetionik je šarao površinu mora svojim svetlima, pružajući pritom celom pejzašu posebnu tajanstvenost i čar.

Stefan htede da poljubi Anđelu, ali mu ova ne dade.

- Zašto, Anđela? Šta ti je? - upita Stefan iznenađeno.

- Ne vidim te već nedelju dana. Ne javljaš se i ne čujem za tebe, a pitaš šta mi je!?- odgovori mu ona i sede na jedan poveći kamen.

- Zlato moje! Nisam ni bio ovde nedelju dana. Čim sam stigao, javio sam ti se – odgovori joj Stefan i sede do nje.

- Stefane! Ti me lažeš, varaš. Ja mislim... mislim da više ničeg ne može biti među nama – kaza Anđela, gledajući negde u daljinu, dok joj je odsjaj svetla sa svetionika titrao u očima.

Na te reči Stefan ustade kao opečen, a zatim kleknu pred njom. Obuhvatio joj je noge oko listova. Stezao ih je jako i grčevito, a glavu stavio u njeno krilo.

- Anđela! Ti si biće najdraže na svetu! Neću i ne mogu te izgubiti! Srećo moja, ljubavi! Sudbino i cvetu! Ne postoji reč kojom ti mogu reći koliko te volim! – govorio joj je Stefan sa glavom u njezinom krilu. Očigledno da je uživao.

Ona mu za trenutak zamrsi kosu. Saže se i poljubi ga.

- Dosta je, Stefane! Moram kući – kaza Anđela. Odgurnu ga nežno i ustade.

Stefan se podiže i obgrli je oko struka, te joj kaza:

- Za nekoliko dana idem na plovidbu. Želeo bih da ti dam adresu. Mogla bi da mi pišeš.

- Važi – kaza Anđela i prisloni čelo na njegove grudi.

Trenutak kasnije, ona podiže glavu i pogleda ga u oči. On sastavi svoje usne s njenim. Zagrlio ju je i ljubio. Oni se spustiše na meku travu

VI

Leto se završilo i Anđela se obrela u gradu. Krenula je na studije i praksu u jednu od gradskih bolnica. Privikavala se na patnju, bolest i smrt. U drugoj godini studija, nalazila se na odeljenju s porodiljama. S obzirom na to da je još od kuće imala radne navike i osećaj odgovornosti, ona se brzo snašla i naročito svidela glavnoj sestri na odeljenju. Nije prošlo dugo i Anđela je počela dobijati odgovornije zadatke koje je savesno izvršavala.

Patricija je bila glavna sestra na odeljenju sa porodiljama. Izuzetno umešna, sposobna i autoritativna, mada za iskusno oko malo čudna. Iako je imala nešto manje od dvadeset i osam godina, ona je delovala mlađe. Naročito zahvaljujući svom uvek vedrom raspoloženju i duhovitosti. Zavolela je Anđelu i one su se sprijateljile.

Počele su se viđati i van bolnice. Na odeljenju, Patricija je postajala potpuno druga ličnost. Pretvarala se u pretpostavljenog koji ne trpi pogovore i nedisciplinu. Anđela nije zloupotrebljavala njihovo sve jače prijateljstvo. Smatrala je da se isto zaslužuje, a sve drugo bi bilo protivno tome. Patricija je živela sama u svom stanu. Anđela je odlazila kod nje. One su pričale o svemu i svačemu. Ponekad su spremale zajedno nekakvo jelo i poslasticu i gostile se.

Jedne večeri tako, Anđela odjednom preblede, uz osećaj mučnine u stomaku. Patricija je zabrinuto pogleda i upita:

- Šta ti je?

- Nije mi ništa! - odgovori Anđela.

- Kako nije ništa? Ne izgledaš ni baš zdravo – kaza joj Patricija i priđe. Opipa joj čelo i puls.

- Mislim da nije ništa bitno, jer kako mi dođe muka, tako i prođe - odgovori joj Anđela.

- Ti si izgleda trudna! - kaza joj Patricija.

- Oh, ne! To nije moguće! Sve može, samo to ne! - govorila je Anđela, tešeći samu sebe.

Kad se u svojoj svesti još jednom suoči sa istinom, ona briznu u plač i jecajući poče govoriti:

- Šta sad da radim? Kako na studije sa stomakom? Kako ocu i bratu na oči?

- Ne, nije tako!- kaza joj Patricija i zagrli je. Poče je tešiti. – Ima načina da se to reši - dodade.

- To je abortus! Zar ne? - reče Anđela. Obrisa suze s očiju podlakticom, te će: - Ne želim to! Neću da ubijam plod.

- Vidi sa svojim momkom, šta ćete! - kaza Patricija i ugrize vrh jezika, pa napravi grimasu usnama, klimajući glavom lagano. Shvatila je da joj se prijateljica nalazi u nezgodnom položaju.

- Kako to misliš, Patricija? To ne dolazi u obzir! Ne mogu to ni zamisliti da uradim. Stefanu ću pisati. Samo dok on dobije telegram pa dok mi odgovori!?- kaza Anđela.

- Ti to moraš sama odlučiti. Ali, sačekaj nek prođe još nekoliko dana. Ima vremena. Ne smeš prenagliti u odluci – kaza joj Patricija.

Tu se njih dve oprostiše i Anđela ode. Sutradan ona napisa telegram Stefanu i posla ga.

. . .

Nadomak grada, u dolini omeđenoj stenama, i noći bez daška vetra i maglom koja se nisko spustila, putnik u vozu iznad, ako ne drema i slučajno pogleda kroz prozor nadole, ima utisak da je ugledao kakvo planinsko jezero iz kojeg se uzdižu beli pramenovi, usled isparenja i razlike u temperaturi.

Opet, ako je neko dole, taj samo čuje kloparanje kompozicije voza i pisak lokomotive koji jezivo i nepravilno odzvanja kroz maglu u kojoj se zbog gustine čak i dva puštena dobermana ne prepoznaju, već samo instinktivno naslućuju.

Starac baulja poljem do kapije koju zatvara i zadovoljno udiše paru od magle sa nešto kiseonika pride, pa i ako se gotovo guši od toga, on je u nekom čudnom euforičnom stanju, nastalom iz želje da se sto pre pridruži ostalima unutar pećine u koju se ulazi kroz maleno zdanje, što liči na crkvu.

Unutra u kao amfiteatar proširenju, osvetljenom sa nekoliko baklji su nekakve prilike u crnim mantijama sa kapuljačama preko glava. Različite su visine: od veoma niskih, do izrazito visokih i ne može im se prepoznati pol u polumraku. Na izdignutom delu sale je osoba muškog pola, izvanredno građena, sa maskom na licu nekog lepog momka, koji u jednom momentu deluje smešno, ali samo u prvim trenucima dok se posmatra, jer već nakon nekoliko pokreta rukama i pomeranja glave levo-desno, to počinje izgledati neprirodno i zastrašujuće zbog toga što večiti osmeh lika na maski zapravo krije nešto nepoznato iza.

Čovek na sebi ima braon prsluk od kože. Po sredini je vezan mašnicama, kao pertlama i dugačak je nešto do ispod kuka, toliko da ne pokriva donju polovinu crnih gaćica na kojima se jasno vidi ispupčenje nastalo oblikovanjem polnog organa sa testisima. Pored njega su, s leve i desne strane, klečale dve ženske osobe u belim mantijama, ali zbačenih kapuljača sa glava. Crne dugačke kose su im dopirale do ispod ramena; očiju zatvorenih, bile su kao u nekom transu. Obe lepe, nežne i približnih godina!

Kao iz utrobe zemlje, dopirao je žubor vode; svežina se mešala s mirisom koji se provlačio dvoranom poput zmije; činio se na momenat postojanim, gotovo opipljivim i nadohvat ruke, a potom ga nije bilo nigde - ravno duhu ne- uhvatljivom, nevidljivom, pa čak hladnom i sveprisutnom, pre bi se reklo u svesti, negde samo u moždanoj kori gde strah isteruje adrenalin u krv.

- Vi znate, braćo zla, da se ovde sakupljamo jednom mesečno u noći punog meseca. Tad su vaša nakazna tela od mesa, zapravo slika i prilika demona u svetu bestelesnom, gde gospodari knez tame i vladar zla – Satana!!! - izgovori čovek s maskom na licu, glasno i razgovetno.

Gomila, dole, stade klicati Satani, ali kad čovek s maskom podiže ruku, oni se ućutaše u trenu.

- Da vam kažem nešto veoma važno, braćo moja! Postoji mnogo načina u kojima se ljudsko biće poklanja đavolu. U politici, ratovima, pa borbi za novac i moć, kroz ubistva i raznorazne zločine! Da vas podsetim, braćo, da to ljudi čine uglavnom iz sopstvenog koristoljublja i nesvesno, da na taj način služe đavolu. Po odlasku sa ovog sveta, takvi postaju pripadnici ogromne vojske našeg gospodara tame, izvršioci njegove neizmerne moći, a da nisu svesni toga i kako su to zaslužili, jer su zapravo mislili da čine dobro, čineći zlo. Takvi u ogromnom kraljevstvu Satane ne zaslužuju da postanu ništa drugo do puki izvršioci njegove volje i takvih je najviše. Vi ste se odlučili u ubeđenju da služite zlu i da budete zlo, svesno bez i trunke sumnje u đavola i njegovu beskrajnu moć! Vaš motiv za učestvovanje u zločinu ne sme biti sticanje materijalnih vrednosti, već svoj imetak treba da trošite da biste počinili zločin i na taj način se svesno opredelili za Satanu i njegovo kraljevstvo.

- Nastade graja i odobravanje, glasno klicanje ljudi u dvorani, te čovek poćuta koliko da se utiša galama.

- Ionako niko od nas ništa opipljivo i materijalno ne nosi po smrti sa ovoga sveta, osim zasluga, pa bile one dobre ili loše. Mi smo se opredelili za zlo iz razloga što mrzimo ljudski rod kojem, nažalost, i mi pripadamo i zbog čega se iz dna duše gnušamo i molimo svom vladaru da nas udostoji njegovog kraljevstva i podari nam svoje moći, da za života zemaljskog učinimo što više zla u cilju prisvajanja što većeg broja ljudskih duša, na način po kojem oni dolaze u sumnju o postojanju Boga i njegovih dobrih namera! - izgovori mladić s maskom, nakon čega nastade ponovo graja i klicanje Satani.

On podiže ruku. Utihnuše!

- Muškarci i žene se mogu roditi kao oni koji se svesno žele opredeliti u službi zlu! Takvi za života ovladaju nekim moćima, a u kojoj meri, to samo Lucifer zna! Po smrti se njihova duša seli u svet pod apsolutnom vlašću našeg gospodara, gde dobijaju mesta po hijerarhijskoj lestvici, već zavisno od količine zla. Od vas želim napraviti najgore od najgorih i po liku i po obliku. Vi niste lepi za ovaj svet, i odbačeni ste i nepoželjni! Zato ste slika i prilika za onaj bestelesni svet u kome je vrhovni gospodar - knez tame Satana. Ponovo nasta graja, gurkanje i komešanje, ali u trenu utihnu.

- Ove dve lepe mlade žene s moje leve i desne strane su veštice. Prva je po rođenju veštica. Ona već za nekoliko dana odlazi od nas u jedan veliki grad u središnjem delu Italije, gde dobija stan i posao, i gde će se uključiti u normalan život zarad cilja kojeg je Satana postavio njoj u zadatak još rođenjem.

Ova druga je... - čovek ne izgovori do kraja rečenicu. Dogodi se nešto neočekivano.

Devojka njemu s desne strane, ustade skide mu masku s glave.

- Neću! - dreknu. – Dosta mi je ovoga! Dosta mi je svih vas, prokleti da ste! Zašto si me prevario, Niccolo!? - vikala je devojka.

- Šta si to uradila, Wanessa? - zabezeknuto će Niccolo dok u sali nastade komešanje i oštar šamar sastavi Wanessu, da se ova momentalno sručila na zemlju. Niccolo joj priđe i podiže poluonesvešćenu, te je prenese do velikog kamenog stola na čelu sale pred uzvišenjem na kojem su sve troje do malopre bili.

- Nemoj, Niccolo! Molim te nemoj! - vukla je Niccola za ruku devojka koja je bila sa njima, ali je ovaj grubo odgurnu te ona ustuknu od straha.

Niccolo je postavi na kamenu ploču i veza ruke i noge. Okrete se gomili u sali, odakle se ni glas nije čuo.

- Da se zna kako prolazi onaj ko se ogreši o pravila! Sad uživajte brzo redom i disciplinovano, da se ne bi još neko našao na njenom mestu.

Kad se čudom nekim uspostavi red u momentu, tad se Niccolo popne ženici na uzvišenom delu, koja se još od šoka nije povratila, jer je znala šta čeka Wanessu. Mada je htela da odbije Niccolla, nije smela, već mu se bespogovorno poda u strahu sopstvenom i užasu koji se počeo događati Wanessi u tom trenutku, na kamenoj ploči podno njih i ogromne stolice od drveta, kožom presvučene, koju je Niccolo postavio da bi joj ušao što dublje i lagano ponirući, sve ukomponovano u spoj toplih uzdaha, zadovoljstva i krika bola u očaju od bola.

Nakon svega, Niccolo naredi starcu da čuva Wanesu i da pazi da mu ne pobegne dok ne vidi šta će sa njom, a ostalima da se moraju videti za dve nedelje.

7VII

Septembar je mesec. Vetrić na momente ćarlija i tu i tamo okreće listiće ukrug. Grad je utonuo u slatki poslepodnevni dremež. Jedino po parkovima, zaljublljeni parovi ili poneki usamljeni šetač, unose koliko-toliko život u prirodu, koja postepeno, ali sigurno, gubi dah.

Na samoj periferiji grada se nalazi Ulica kestenova. Ulica je dobila naziv po kestenovima starim više desetina godina, čija se stabla protežu uz jednu i drugu stranu, a krošnje su se nadvile iznad krovova kuća. Kuće su s početka ovog veka. Nekada luksuzne vile sa divnim fasadama i prostranim dvorištima, sada su već dotrajale građevine pootpalih fasada i neuređenih travnjaka. Omeđene su sa ulične strane teškim metalnim ogradama, već odavno nelakiranim. Debeli visoki zidovi od cigala su između kuća i sa zadnje strane. Po zidovima se pentra trava puzavica, dajući odbojan utisak hladnoće, prožet jezom. Graktanje ptica u krošnjama i mir što odzvanja iz odaja kuća, nekom slučajnom prolazniku uliva nemir u dušu i zebnju u srce. Zaista, šta bi ovo moglo biti, ako ne mesto gde se sama smrt odmara pred novi pohod.

U gradu postoji legenda o Ulici kestenova. Navodno su tu živeli bogati ljudi u sjaju, luksuzu i sreći. Jednom se mladić odatle oženi mladom i veoma lepom devojkom sa sela, koja uz to beše i siromašna. Nju su mrzeli svi od ukućana i komšija. Muž ju je voleo.Te komšije izmisliše priču kako se ona švališe s nekim. On beše naivan te poverova. Izvuče ženu iz kreveta zajedno sa malenim muškim detetom. Nju prebi, a zatim ih oboje izbaci na ulicu. Bilo je zimsko doba i veoma hladno.

Ona se smrzavala polako i to naočigled mnogih koji su posmatrali njenu nesreću kroz prozore iz svojih toplih soba. Dete je grejala svojim telom i lagano umirala. Dok je umirala, ona je proklinjala. Klela je sve živo u ulici što se kreće, što diše, što mrda. I rod, i porod, i seme.Tek u podne naiđoše neke kočije i povezoše je u bolnicu. Još je bila živa, ali joj ne beše spasa i ona umre. Maleni sinčić je preživeo i porastao. Muža joj osude i strpaju u zatvor.Tamo je i umro. Još se priča kako duh te nesretnice i dalje prebiva u Ulici kestenova, plašeci slučajne prolaznike.

Tog poslepodneva jedan čovek, već poznih godina, radio je nešto u vrtu svoje kuće. Kuća je negde na sredini ulice, sa desne strane kad se ide od grada. Ona je, za razliku od ostalih u ulici, okrečena i bez oštećenja na fasadi. Kapci na prozorima uredno ofarbani, kao i ograda i sve ostalo. Trava u vrtu pokošena, ruže u svim mogućim bojama, posađene gde god je bilo mesta za to. Čovek je radio svoj posao u vrtu na momente se smešeći. Očigledno je bio bezbrižan i uživao u idili svog doma, kad odjednom on začu nešto. Iz daljine se čuše koraci. Koraci u štiklama.Taj mili zvuk godi svakom muškarcu, jer štikle su čudo. Žena na štiklama je ženstvenija. Ona je tada tajanstvena, elegantna i zavodljiva. Ona je tada zaista žena.

Stari čika Donovan, kako su ga svi zvali, nije mogao odoleti a da ne izađe na ulicu i vidi ko to ide. Imao je šta i da vidi. Sredinom ulice je koračala devojka. Bila je obučena u crvenu dugačku haljinu, a crna lepršava kosa i tašnica obešena o rame, davali su njenoj vitkoj figuri potpunu skladnost. Ona se lagano kretala udišuci svež vazduh ispod kestenova i verovatno ne bi ni primetila starog Donovana da joj se baš pred njim nije štikla zaglavila u rešetku za odvod vode. Pokušavši da je izvuče, ona odlomi štiklu, koja ostade na rešetki.

- Uh, kud baš sada!? - prozbori devojka ljutito, a kad opazi čika Donovana, ona pocrvene u licu. Na usnama joj se pojavi na trenutak osmeh.

- Nije to ništa, mlada damo, i ako mi dopustite, ja ću vam cipelu popraviti! -kaza čika Donovan i izvadi štiklu iz rešetke.

- Ja znate, kako da vam kažem... - poče se pravdati devojka, ali je čika Donovan prekide.

- Ništa vi ne brinite, gospođice! Ne tražim nadoknadu, već samo hoću da pomognem, jer ne želim da idete bosi.

- Kad je tako, nemam kud - reče devojka, pružajuci starcu cipelu, a drugu izuvši, te stajaše na asfaltu bosa.

Donovan uvede devojku u dvorište, a zatim je povede uskom stazicom iza kuće i posadi za sto.

- Prvo moje šegrtovanje beše kod obućara - kaza Donovan, vadeći alat iz nekog ormana - tu sam nešto naučio, ali zanat nikad završio, niti ikad ovaj posao radio, sem u izuzetnim slučajevima kao recimo danas - ispovedi joj se Donovan i sam sedajući za sto.

- Usput da vas pitam za ime - reče on, i sam se predstavivši.

- Zovem se Anđela i možete me tako zvati - reče ona, ali se i trže tog trenutka, jer nešto zaleprša iznad nje i sleti za sto. Bio je to veliki žuto-plavi papagaj Ara. Ona ga je zapanjeno gledala, dok je ovaj nonšalantno kljucao neko semenje na stolu i malo, malo gledao u nju, kao da se pravi važan i kao da hoće da kaže: "Vidi šta ja znam!"

- Oh, kako je divan, a da li priča!? - ushićeno će Anđela.

- Priča, priča, prrkkrr! - na to će papagaj, odgovorivši sam Anđeli, te odlete nekud.

Čika Donovan se zadovoljno smeškao, nameštajući istovremeno štiklu na svoje mesto, te će na to:

- Tog papagaja sam dobio kao poklon od prijatelja s jedne ostrvske zemlje na Pacifiku. Mnogo sam mu se obradovao! Papagaj, naročito ovakav, je prava retkost.Toliko je blesav da mi nekad dođe da se smejem i da plačem u isto vreme. Jednom sam tako slučajno ostavio frižider malo odškrinut i otišao do grada. Bobi, kako ja zovem papagaja, je ušao u njega, a šta je tamo tražio, to ne znam. Samo znam da su se vrata od frižidera sama zatvorila za njim. Verovatno od promaje. Čim sam se vratio, čuo sam neko rondanje u frižideru. Ni na kraj pameti mi nije bilo da je Bobi u njemu. Ipak, otvorio sam frižider i našao ga već promrzlog. Lečio sam ga nedelju dana čajevima, a davao sam mu i neke lekove. On je ozdravio, ali od tada obilazi frižider nadaleko. Sad zna, pa kad pretera u nestašlucima ja mu samo pokažem na frižider i to je dosta. Imao sam ja i malog majmuna, ali je on gađao ljude jajima sa drveta. Mnogo je bio nestašan. Njega sam dao u zoološki vrt.

Anđela je slušala čiču širom otvorenih očiju, gotovo ne trepnuvši, a kad ču ono o majmunu, stade se osvrtati. Na to joj nešto skrete pažnju. Od bedema pa do kuće beše kavez od sitno ispletene žice. Ona pokaza prstom u tom pravcu te upita:

- Šta to imate tamo?

- Tamo je moja ljubimica – odgovori čiča Donovan.

- Ljubimica? Mogu li je videti? – upita znatiželjno Anđela.

- Kako da ne, ali ćeš se uplašiti! - reče čiča.

- Ne znam šta bi me moglo uplašiti, a nalazi se u kavezu?! - kaza hrabro Anđela i krete. Kad je prišla kavezu, nije mogla razaznati. Zatim je ugledala nešto i nije mogla poverovati. Ali kad se podiže glava prema njoj. Anđeli bi sve jasno. Htede da vrisne, ali ne mogaše. Pokuša da pobegne, ali nije imala snage. Oseti struju što tutnji kroz telo iz stopala u glavu pa nazad. Tad joj se razum razbistri i snaga povrati. Naglo se okrete i vrati za sto.

- Uf, ovo bi strašno! - kaza Anđela i obrisa znoj sa čela.

Čiča završi rad i stavi cipelicu na sto, te će pobedonosno:

- Ja lepo rekoh, al' šta vredi.

- Pa ko ste vi? Što imate sve to? - radoznalo će Anđela.

- Vidiš, ja sam ostario. Ali, dok sam bio mlad, voleo sam sve da vidim, okusim, probam. Sve nedostižno, hteo sam da dohvatim. Lepo da posedujem, a daleko da upoznam. Voleo sam novac, žene, jer jedno s drugim ide, a jedno bez drugog ne može. Imati novac, a nemati ženu pored sebe je glupo i bez svrhe, dok je ženu bez novca teško sačuvati.

- Zar novac nije zlo i težiti ka njemu nije greh? - upita Anđela.

- Ne, to je dobro i bez novca nema napretka. Zlo je otimati se za njega - kaza čiča Donovan pa nastavi. – Šta je u stvari greh? Greh je dobro i dar od Boga.

- Dar od Boga?! - usplahireno će Anđela. – Bog je dobar i on nam tako nešto ne bi poklonio.

- Baš zato što je dobar; on nam je omogućio da grešimo da bi se na kraju krajeva ostvarila početna zamisao – odgovori Donovan.

- Hoćete da kažete da je drvo života namerno posađeno u Edemskom vrtu, ne bi li se Adam i Eva ogrešili o njega? – upita ona.

- Tačno, Anđela. Počela si da misliš. Tek tada su i oni počeli da misle – kaza čiča.

- Zar nije bilo bolje da su ostali u raju i danas bismo možda svi tamo živeli? – upita Anđela.

- Ne, nije. Izgnanstvom iz raja, Bog nam je omogućio da steknemo razum, mudrost i znanje. Tek jednom kad sve to budemo imali u dovoljnoj meri, onda nas možda vrati u Edemski vrt. Tek tad ćemo uživati u njemu – ispriča Donovan.

- Dakle, da bismo poštovali lepo, moramo upoznati ružno – dodade Anđela.

- Dobro rezonuješ, ali da li možeš zamisliti zivot u raju? – upita čiča Donovan.

- Mogu! Svuda oko nas cveće, a na drveću voće. Niko ne mora da radi već samo da bere i jede. Ljubav i sreća na sve strane a smrti ni od kuda – kaza Anđela pa se malo zamisli, te nastavi. – Divno, zaista divno, ali kao da nešto fali?!

Čiča Donovan spremno dočeka baš to pa otpoče

- Nedostaje to što se ništa ne događa. To ne bi bio život, već slepa egzistencija. Postojanje bez svrhe i cilja.

- Nešto slično kao ovce u toru! – dodade Anđela.

- Da, ali ovce postoje da bi ih ljudi jeli, i to im je svrha – kaza Donovan, vadeći istovremeno iz kutije cigaru, te pošto je pripali i fućne dva-tri velika klobuka dima, nastavi:

- Bog je želeo da stvori bića s razumom, emocijama i karakterom. Razum nestaje iz večitog sukoba dobra i zla. Emocije proističu iz toga da bi se na kraju stvorio besprekoran karakter kroz generacije i generacije ljudi, a negde u dalekoj budućnosti.

- Tačnije, Bog želi da postanemo kao što je i on uostalom! Besprekoran karakter! – reče Anđela na to, obuvši cipelice i spremajući se da krene, te dodade: – Ali, zašto ako je svemoguć, nije u samom startu postojanja usadio i besprekornost u svakom pogledu?

- Vidiš, Anđela, onda bismo bili roboti bez razuma, emocija sa određenim programiranim znanjem, kako u kom trenutku reagovati i šta raditi. Robota može čovek stvoriti, ali čoveka samo Bog. Svest se gradi kroz vekove. Znanje se iz dana u dan dograđuje, a emocije nastaju same od sebe i nemoguće je odrediti parametre po kojima se tačno može smejati, ili plakati! Kada nekoga voleti, a kad ne! Kada biti nesrećan, a kad srećan.

- Dakako – kaza Anđela ustajući sa stolice – u tome se ogleda sva perfekcija ljudskoga roda i savršenstvo zamisli onoga ko nas je stvorio.

- Tako je, Anđela, i sad kreni jer vidim da žuriš, ali zapamti: kad si u teškoj poziciji, opet postoji izlaz. Samo treba prave poteze povlačiti i mudre odluke donositi. Nekada je potrebna žrtva, veća ili manja, da bi se na kraju isplatilo.

Utom Anđela krete, a za njom čiča Donovan da je isprati. Kod izlaznih vrata ona stade, zamisli se, pa otvori svoju tašnicu i izvadi nešto iz nje. Bila je to posetnica. Na njoj nečija adresa. Ona dade to čiči, te ga upita:

Da li znate gde se ovo nalazi?

Aa, ti si zalutala! – kaza Donovan.

Razmisli malo i nastavi:

Moraš se vratiti, pa desno, a zatim druga ulica levo.

Anđela mu zahvali pa krete. Bila je raspoložena, vedra i nenadano puna optimizma. Osmeh joj nije silazio sa usta jer je bila pod punim utiskom svega što joj se dogodilo u poslednjih sat i po vremena. Osećala je kao da je bila na izletu van ovoga sveta. Taj čudni čiča Donovan i sve što on ima, priča koja se razvila zajedno s njim, nije mogla, a da ne ostavi traga u psihi devojke koja je žudela za saznanjima svake vrste.

Na kraju ulice, ona se okrete. Donovan je gledao za njom. Ona mu mahne, te zamače iza ugla. Utom joj njegov lik postade nekako poznat, ali ona potisnu to novim mislima koje joj navreše. Razmišljala je o tome kako je prošlo već petnaest dana od kad je poslala telegram Stefanu u kom ga obaveštava da će postati otac. Pitanje je vremena kad će ga on dobiti, jer pošiljku kompanija šalje na odredište, tačnije, luku grada u koju brod treba da uplovi. Svu nadu je polagala u njega i s punim poverenjem je čekala odgovor. Danima već ona nije imala onu mučninu i osećala se dobro, čak izuzetno dobro. Na pregled nije išla i smatrala je da joj to nije, bar za sada, neophodno.

Utom stiže na mesto gde se zapravo uputila. Stajala je pred dvospratnom, uskom, u sivo okrečenom kućom.

U prizemlju se nalazio omanji lokal sa natpisom:

FOTO SANDOZA

Izrada slika:

Kvalitetno, brzo i jeftino.

Zatim, poređane fotografije po celom izlogu, uzduž i popreko, davale su do znanja i nepismenom da je reč o fotografskoj radnji.

Vrata su bila otvorena i ona uđe. U prostoriji nije bilo nikoga, a zatim se razmače crvena zavesa po sredini. Pojavi se mladić omanjeg rasta i zdepastog izgleda. Izuzetno snažna konstrukcija tela, širokih povijenih ramena sa glavom nasađenom na njih, gotovo bez vrata i vilicom nešto izbačenom napred, odavali su utisak da ga je daleko lakše preskočiti nego zaobići.

U najmanju ruku, pred Anđelom se pojavio gorila prerušen u čoveka.

- Izvolite! – kaza mladić, mereći je pogledom.

Anđela se zabezeknu u prvom trenutku, a zatim se povrati i kaza:

- Tražim gospodina Romana Sandozu.

- Romana Sandozu, hm... - poče odugovlačiti mladić. – Nije tu – kaza i nastavi žvakati žvaku u ustima, drsko gledajući u iščekivanju novog pitanja.

- Gde je? – upita ona sad već osećajuci se nelagodno. Iz njegovog čežnjivog pogleda je naslućivala šta misli.

- Na putu je i dolazi za nekoliko dana. Ali ako ja mogu nešto pomoći...? – kaza on.

- Samo mu recite da je Anđela bila. Upoznali smo se u vozu, na to ga podsetite i ostavila bih ovaj film na izradu.

- Mislim da neće biti potrebno nikakvo podsećanje. Toliko divna osoba kao vi ostaje večito u pamćenju. Što se tiče slika, biće gotove prekosutra – reče mladić sad već nenadano ljubazno, ali ne prestajući da je upija pogledom.

- To mislite? Ah, da hvala! Zaista lepo od vas, ali sad moram ići! – odgovori Anđela uz pozdrav i ode.

Ubrzo je bila pred domom ujaka i ujne. Želela je odmor. Dosta joj je bilo uzbuđenja tog dana.

- Samo da se zavalim u krevet! – mislila je u sebi. – Posteljina bela, jastuk...

Ah, kako je to lepo!

Utom otvori ulazna vrata. Kao hladan vetar da je ošinu po obrazima. Za stolom u trpezariji, sedeo je namrgođen ujak. Iza njega, nešto sa strane, stajala je ujna.

- Eto, stiže iz skitnje! Govorila sam ja tebi! - progovori ujna Anna.

- Anđela, ovome se nisam nadao od tebe! – kaza ujak Francisko.

- A šta to? – upita Anđela uplašeno, dok je stajala skamenjeno pred njima. Osećala se u najmanju ruku kao optuženik pred porotom, uoči presude.

- Kopile, eto šta! Praviš se luda da ne znaš! Ja to neću da trpim! – izgovori ujna sva besna.

U tom trenu Anđela opazi neki papir na stolu. Poskoči, uze ga. Bio je to telegram. U momentu ga pročita, a tada oseti da gubi tlo pod nogama. Privi papir uz grudi pa ga ispusti. On odleluja, na jednu stranu, a ona otetura na drugu. Pade na dvosed glasno jecajući.

- Ne vredi ti sad da cmizdriš! Trebalo je da misliš pre, dok ti je bilo lepo! – dobaci ujna naglasivši naročito poslednju reč.

Ujak nije mogao to gledati. Bilo mu je teško i saosećao je sa Anđelom, ali je u sebi nije opravdavao.

Idemo, Anna! – kaza ustavši od stola. – Nek se isplače. Biće joj lakše, a sutra ćemo videti šta dalje.

. . .

U tom trenutku, u jednoj kafani daleko od grada u kojem je Anđela, čuli su se žagor, pesma, cika. Kafana nedaleko od pristaništa, a u njoj mornari slave dolazak na kopno. Dim od cigareta izmešan sa dimom ponekih trava, u kojima se zdušno uživa po takvim mestima. Pivo se toči na krigle, velike i masivne, a mornari ga nemilosrdno troše pijući i polivajući jedni druge. Između stolova se kreću žene od jednog do drugog, s krila na krilo. Poneke su i pod stolom, u poslu.

Jedan je mornar naročito glasan i raskalašan. On se izdvaja od ostalih; u krilu mu sedi ženska, nimalo trezna i poliva ga pivom po glavi. Ona mu skida košulju. Zavlači ruku unutar nje i para noktima po ljubavnom tepihu. Očigledno je nestrpljiva da joj se desi ono što je neminovno te večeri, pa čak joj ni pare nisu bitne. Do njih za stolom je drugi mornar. Drži kriglu obema rukama i halapljivo je ispija. Ispod donje usne mu pivo curi po pantalonama, ali on ne haje za to. Mnogo je krigli već poređao po stolu i nema nameru da prestane.

Glasno se smeje, te dobaci prvom mornaru koji je imao žensku.

- Je li, Stefane, ha, ha, ha, kaži mi još jednom - pa podrignu glasno. – Šta napisa ti onoj ženskoj?

- Glupačo jedna! Ja nisam otac tvom detetu! - odgovori Stefan.

Tada se čuo žagor, smeh, i nazdravljanje.

Daleko odatle, na dvosedu u kući svog ujaka, Anđela je i dalje lila suze do duboko u noć, sve dok je san u grču nije savladao. Ona je bila slomljena, ponižena, upropašćena.

VIII

Osvanuo je novi dan. Ujak Francisko je tog jutra rano otišao iz kuće, da bi se potom ubrzo vratio. Čim se pojavio na vratima, Anna koja ga je nestrpljivo čekala, a da ne bi probudila Anđelu, upita ga tiho:

- I šta bi!?

Francisko, pošto prvo pogleda na dvosed i uveri sa da Anđela spava, kaza:

- Zvao sam Paola u fabriku i rekao mu sve, ali je on poludeo! Neće ni da čuje za nju, a meni je rekao svašta. Kasnije se malo primirio.

Tog trenutka ujak i ujna nisu primetili da je Anđela otvorila oči, a zatim ih ponovo zatvorila, pošto Anna stade govoriti:

- Rekla sam ti ja da će ta pijandura svaliti svu odgovornost na nas!

- Znam, Anna. Hteli smo pomoći. Želeli smo najbolje, ali šta sada da radimo? – odgovori Francisko.

- Šta da radimo? Neka ide kući i neka njen otac rešava šta će s njom – reče ujna Anna.

Ujaku Francisku beše sve jasno. Nije hteo protivurečiti, a i sam je smatrao da je to najbolje. Ipak, osećao je da ga nešto jede u grudima. Bila je to griža savesti. Znao je da baš sada Anđeli treba pomoći, možda više no ikada.

- Ona je još veoma mlada i nedovoljno razborita, a sve i da jeste, to se može dogoditi svakoj ženskoj osobi.

- Anna, molim te... ti joj prenesi to. Samo pažljivo, jer ona je još dete.

- Ah, dete! – kaza Anna uz cinični osmeh. – Pa ne bi se baš reklo!

- Tačno, ujna! Nisam više dete! Sve sam čula i znam šta mi je raditi! – začu se sa dvoseda.

Njih dvoje se zgranuše, pa se zatim pogledaše. Mislili su da Anđela spava. Tad ujak progovori:

- Znaš, Anđela... kako da ti kažem? Ti nas treba da razumeš.

- Vidi ti nje. Ona i prisluškuje! – dobaci ujna Anna.

- Ne brini, ujna! – kaza Anđela smireno gledajući Anni direktno u oči. – Rešićes me se, koliko još danas, ali ti moram nešto reći na kraju!

- Ne nastavljaj se, Anđela! – dobaci joj Francisko strogo. – Kako te nije sram?! – i pokaza joj prstom.

Anđela ustade sa dvoseda. Priđe ujaku nekoliko koraka i gledajući ga procenjivački, progovori:

- Sram. Kakav sram? Šta vi znate o tome? Zar je sramota govoriti istinu. Ili možda voleti i rađati decu?

- Lepo je rađati decu, ali ne kopilad! – dobaci ujna na to.

- Šta to govoriš ujna? Zar dete nije dete ako nema oca pored sebe? Unapred si mu prilepila etiketu, a ono još nije ni došlo na svet. Unapred si spremna da mrziš, a ne da voliš. Svakako za mržnju i nije potrebno odricanje, ali je ljubav već nešto drugo – kaza Anđela, a suze joj počeše navirati.

- Ja ne mrzim to dete, ali samo...! – kaza Anđeli ne završivši, jer je Anđela prekide.

- Samo ga i ne prihvataš! Jel' tako? Šta bi ljudi rekli na to? – odgovori kroz plač. – Ti sebe smatraš poštenom ženom i moralno je oterati iz kuće lošu devojku sa detetom bez oca, ali nemoralno je pomoći toj istoj devojci. Kakav apsurd?! – ispriča Anđela to sve, sad već uzrujano, i obrisa suze maramicom.

- Šta ti znaš o moralu, derište jedno! – odgovori joj ujna, spremajući se za svađu.

- O moralu!? Oho, pa vi imate iskrivljenu sliku morala – poče govoriti Anđela istovremeno šetajući po sobi. – Moral se ne propisuje i ne sastoji od predrasuda, već je on usađen duboko u nama i ne treba ga prepravljati. On je deo našeg bića.

Ujna Anna sasluša Anđelu, pa pogleda Franciska, te ga upita:

- Šta ona to govori? Ništa je ne razumem?

- Ona hoće da kaže kako nije kriva i da mi ne znamo šta je ispravno, a šta ne - odgovori Francisko.

- Naravno, ujače, da nisam kriva. Zavoleti nekoga u mojim godinama je potpuno normalna stvar i da nije tako, značilo bi da sam bolesna. Moje srce beše i suviše čisto i bez moći da prepozna podlost u mladiću s kojim sam bila. On je sad heroj, a ja loša cura. Ali, neka. Sve će doći na svoje. Samo treba čekati – kaza Anđela, a zatim uzdahnu duboko i pope se u svoju sobu na spratu.

...

Tog istog dana uveče, jedan voz je lagano klizio šinama, ostavljajući grad za sobom. Nedugo potom, već je tutnjao kroz polja, šume i naseobine, grabeći nemilosrdno kilometre i kilometre puta. Ubrzo zatim počeše planine, a onda redom: tunel, pa drugi, treći, a voz stade usporavati, te ubrzavati, naginjati se i propinjati, da bi u jednom trenutku uz škripu kočnica, naglo stao.

Okolo pustoš, stene. Nigde žive duše. Tu i tamo na vagonima otvaraju se prozori. Izviruju ljudi ne bi li saznali šta se događa. Osoblje voza uznemireno i na pitanja putnika, šta je, samo sležu ramenima.

Svi su nervozni jer nekuda žure i žele da što pre stignu. Samo jedna osoba u polupraznoj kompoziciji voza to ne želi. To je Anđela. Ona je obučena u teksas farmerke i jaknu. Gleda odsutno u jednu sliku naspram sebe. Sama je u kupeu sa jednom bakom koja sedi naspram nje, skroz udesno, i spava.

Devojci niz obraze katkad sklizne poneka suza i izgleda tako kao da sa tek otvorenog pupoljka ruže, kane kap rose na list, a zatim na travu.

- Zašto su ljudi tako sebični? – razmišljala je u sebi. – Lakše im je zgaziti nekog, odbaciti i upropastiti nego lišiti se nekih ubeđenja, ili bar malo podneti žrtve za drugoga. Stefan ne želi biti otac i time se lišiti momačkog života. Ujak i ujna neće da menjaju ama baš ništa. Ja ih razumem. To su ljudi starijeg kova i vaspitani po određenim klauzulama bez elastičnosti u pogledu prilagođavanja novonastalim situacijama, na koje nisu spremni. Na kraju krajeva, zašto bi bili dužni ispravljati grešku, koju sam ja počinila? Svoju grešku, ali ne zato što sam bila s mladićem, već grešku u proceni s kim sam to bila, moram sama ispraviti. Ali, kako? Da li sam mogla išta proceniti kad to dolazi nekako iznutra, samo od sebe i kao žeravica upali telo ne dajući razumu ni da priviri, a kamoli da utiče?

Utom se voz zatrese i prenu Anđelu iz razmišljanja. Trenutak kasnije, kompozicija krete napred, a nekoliko minuta potom u kupeu se pojavi kondukter.

- Karte na pregled, molim! – kaza on.

- Zašto smo stajali? – upita baka, koja se u međuvremenu probudila dajući istovremeno kartu na uvid.

- Ništa posebno. Neko je povukao kočnicu i voz je blokirao – odgovori kondukter. – A vi devojko, kartu?

Anđela je panično preturala po tašni, a zatim po svim mogućim džepovima koje je imala na sebi.

- Nema mi novčanika! – izgovori ona, ne prestajući se pipati, te gledajući dole, gore, crveneći u licu sve više.

- Tražio sam kartu! – ponovi kondukter jasnije.

- Nemam kartu! – poče se pravdati Anđela. – Nisam imala vremena da je kupim, ali sam htela da platim u vozu. Verujte mi! – kaza molećivo Anđela. – Ali ne znam gde mi je novac! – nastavi ona.

- Verujem vam, curo, ali kroz deset minuta je stanica i ako nemate da platite, onda morate izaći! – reče kondukter službenim tonom i bez milosti.

- Ali, kuda sad u mrak? Pa imajte razumevanja! Molim vas! – stade usplahireno govoriti Anđela, očekujući da izvuče bar malo milosrđa iz čoveka koji tog trenutka zapravo i nije bio čovek, već službeno lice na dužnosti.

- Imam razumevanja, ali sve što mogu učiniti za vas je to da vam pomognem oko prtljaga kad budete izlazili, jer ne želim zbog vas da izgubim posao.

- Kako da ne! – odgovori Anđela ljutito i više za sebe, pa ustade i skide svoj poveći kofer, te pogleda konduktera u oči, koji tad shvati da je pametno ako se skloni s vrata i pusti je da prođe.

Baka je već spavala ili se pravila da spava. Uostalom, ona ima kartu i bezbedno se mogla voziti dalje. Šta je se tiče devojka koju vidi prvi, a verovatno i poslednji put u životu, i koja sad mora da izađe na nekoj usputnoj nevažnoj stanici sama i bez para, tegleći svoj poveći kofer.

Uskoro je Anđela stajala pred malom stanicom, dok joj je oštar planinski vazduh štipao obraze, a kompozicija voza nestajala iza krivine u mraku. Samo trenutak još se čulo udaljeno kloparanje, a zatim zavlada potpuna tišina.

Da li je slučaj hteo da se tako dogodi, ili ništa nije slučajno da bi se u budućem vremenu istina znala, tek u kupe voza koji je upravo odlazio dalje i koji je ostavio Anđelu samu u planini i na vetru, je ušla mlada žena i sela nasuprot bakice, malo ukoso do prozora.

Voz je prolazio kroz tunel i tutnjao, postepeno ubrzavao i skretao negde u stranu. Dugo je potrajalo, a možda i ne, ali činilo se kao večnost. Iznenada ponovo prostor i širina, a tutanj se razli nekako prijatno u vetar i planinu. Tad baka otvori oči! U polumraku razrogači oči, jer ugleda žensku mladu osobu u kupeu do prozora.

- Zar vi niste upravo izašli? – upita je bakica iako vide da to nije ista osoba i da ova ima vuneni komplet na sebi, štaviše, i nije bila u farmerkama, već su joj kolena blještala na slabom, obojenom u plavo, svetlu. Ali, baka je bila zadremala i učinilo joj se čak da voz ponovo ide u smeru odakle su krenuli. I to joj bi čudno pa htede upitati zašto idu nazad, ali mnogo pitati je suvišno, naročito nepoznatu osobu, pa se pokaja što je i prvo pitanje postavila, iako joj posta jasno da je pogrešila.

- Ja sam upravo ušla na ovoj stanici! – odgovori joj ženica, zadrževši ispitivački pogled na baki, nešto duže i procenjivački. Ispitivački iz razloga jer joj se pitanje učini glupim, a procenjivački jer je pomislila da je baka luda.

- Izvinite, molim vas! Pomešala sam u svojoj glavi. Šta ćete, to dolazi sa godinama. Baš na vašem mestu je sedela jedna devojka do malopre! Mnogo lepa.

Kondukter ju je izbacio jer nije imala kartu – ispriča baka, pravdajući se.

Mlada žena joj ništa ne odgovori, već samo klimnu glavom, kratko se osmehnu bakici dajući joj time do znanja da je razume i da može nastaviti s mirom dalje putovanje. Sama se posveti posmatranju nečega kroz prozor što nije mogla videti zbog mrklog mraka, pa joj bi krivo što nema sad punog meseca, a ponoć je blizu i uživala bi gledajući u njega, ili bar onoga što on osvetljava.

Obožavala je Mesec jer je znala da od njega crpi energiju i preko njega opšti sa đavolom. Vrhunac svega je kad u noći punog meseca, đavo uđe u Niccola i kada ga ona primi u sebe i kada bi ga htela usisati celog da može, ali ne može. Šta li će biti sa Wanessom? Izgleda da je rešio da je ubije! Nije mu rodila dete. Pobacila je. Podlac! Mrzim ga i volela bih najradije da umre i to u mukama ako može! Volim đavola u njemu, ali ne i njega! Dete sam mu rodila i uzeću ga kad se razvedem sudski sa mužem. Budala je on! Ne zna da sin nije njegov, niti da sam ga navela na preljubu da bih ga optužila kao preljubnika.

Lepo mi je! Sad u Rimu me čeka stan, posao u prodavnici igračaka. Muža i ljubavnika ću se otarasiti, a ovu baku oterati iz kupea, čisto jer mi se hoće!

Baka je zatvorila oči, udobno se zavalivši i razmišljajući prvo o devojci koja je morala da izađe iz voza i koja je verovatno htela prevariti konduktera pa je on dobro i uradio što je tako postupio s njom. Na kraju krajeva, a zašto bi ona, još penzionerka, trebalo da plaća vožnju, a takvo mlado derište da se švercuje!?

Ova što je sad došla, izgleda da je neka fina! Kako mi se osmehnula i nije mi zamerila na glupom pitanju. Ona prva je samo nešto uzdisala, plakala, šta li!?

Baka sva radosna otvori oči i pogleda u saputnicu. Ni u snu, ni na javi, ni da joj je neko pričao da joj se tako nešto može dogoditi, prosto ne bi mogla verovati – da će to videti! Šok je bio toliko snažan, da se vrisak naprosto zaledio i ostao baki u jednjaku. Tu bi sigurno i ostao zauvek, a što ne bi bilo dobro za baku, jer se mora disati, a ona je prestala da diše.

Ono što je uradila u poslednjem trenutku je bilo to da je izašla iz kupea glavom bez obzira i ne uzevši svoj prtljag. Šta je potom radila i da li je tumarala kao luda po vozu, ne zna se. Možda je našla kakav drugi kupe gde se smirila i dobro razmislila o onom sto je videla. Kad je bolje razmislila i staložila utiske, shvatila je da i nije bilo razloga da se toliko uplaši, jer to što je videla nije ništa neprirodno, niti strašno, čak je i njoj samoj to dobro poznato, ali se ipak prestrašila! Zaista! Tako bezazleno, a u prvom trenutku i užasno!

IX

Policijska stanica u malom gradu na jugu Italije. Paolo je u kancelariji komandira stanice.

- Gospodine Wiskonti, vi ste prijavili nestanak kćerke pre nedelju dana? – kaza komandir stanice.

- Da, jesam. Ima li kakvih vesti?- upita Paolo zabrinuto.

- Za sad pouzdano znamo gde je izašla iz voza. Kofer je ostavila u čekaonici - kaza komandir i pritisnu taster na interfonu. – Donesite kofer! – zapovedi.

Otvoriše se vrata i jedan policajac unese kofer.

- Da li je to njeno? Prepoznajete li? – upita komandir.

- Jeste – odgovori Paolo tiho, uzdahnuvši duboko potom gotovo spreman da zaplače.

- Službenik na stanici koji je to veče bio dežuran kaže da se seća devojke koja je sišla sa voza, jer bila je sama, a delovala je izgubljeno. Pitala ga je prvo kad ima voz u jednom pravcu, a zatim u suprotnom. Očigledno nije znala kuda će. A pošto joj je upravnik rekao da prvi voz ima tek ujutro, ona je otišla u čekaonicu, ostavila kofer a zatim izašla iz stanice. Od tad joj se gubi svaki trag – ispriča komandir.

- Šta da radim, šta da radim? Ja sam svemu kriv! - poče govoriti Paolo, pokrivši oči rukama i gotovo jecajući.

Utom zazvoni telefon i komandir žurno diže slušalicu.

- Da, ja sam... kada? Tad razrogači oči jer vest očigledno beše loša. Pogleda Paola. Naglo skrete pogled. Obavestiću vas!- kaza i spusti slušalicu.

Paolo gledaše komandira koji prvo spusti pogled, jer očigledno nije znao šta da kaže, a zatim podiže, i njemu tad bi sve jasno.

- Žao mi je, gospodine Viskonti, zaista mi je žao – kaza komandir s teškom mukom.

Paolo tad, suočivši se s istinom da mu nema više deteta, oseti prvo neizdržljivo zujanje u glavi, a zatim izgubi svest i pade sa stolice.

Stigoše kola hitne pomoći i odvezoše Paola, a komandir stanice pošto ostade sam, diže slušalicu i nazva nekoga:

- Ovde Kameloti. Kažete da ste našli leš devojke, spaljen? Da, da, odgovara opisu... Nema sumnje... Jeste, između 19 i 23 godine... Prebacite leš što pre... Znam kako izgleda spaljen leš...Obaveštavajte me o istrazi. Toliko! – kaza i spusti slušalicu tako oštro da je aparat odzvanjao.

...

Osvanuo je jedan od najtužnijih dana u istoriji mesta. Bio je to dan Anđeline sahrane. Mnoštvo ljudi se okupilo da joj oda poslednju počast i isprati je do večnog počivališta. Gotovo svi ljudi iz mesta, rodbina, njeni vršnjaci i svako ko je poznavao nju, njenog oca i brata. Nema povorka tuge i bola je krenula. Bezbroj venaca, zatim kovčeg i sveštenik, a onda njeni najbliži. Otac Paolo u dubokoj žalosti, poguren, a pridržava ga sin Franko. S druge strane, do Franka je njegova verenica Beatrise u crnini. Trebalo je da se venčaju za nekoliko meseci. Ona mu se drži za rukav i glasno plače, jer volela je Anđelu kao što voli i Franka. Njegova tuga je njoj još veća.

Tu je zatim ostala bliža i dalja rodbina. Među njima ujak Francisko i ujna Anna. Mirela je podbula od plakanja, a pored nje je sestra Patricija. U centru mesta pred crkvom ima još naroda. Priključuju se koloni dok crkvena zvona odzvanjaju tužno i nevoljno.

Stigoše na groblje. Raka već iskopana, zjapi. Utom se naoblači. Nebo prekriše crni oblaci. Stade liti kao iz kabla. Kovčeg spustaše u grob s teškom mukom, jer zemlja postade klizava i lepljiva. Čuje se sveštenik, lelek i pljusak.

Mirela se izdvoji iz gomile i stade pored rake. U ruci je držala papir rakvašen od kiše, ali i od suza. Poče čitati glasno i razgovetno, dok se svi umiriše pa čak i kiša utihnu. Reči joj behu tačne i odmerene, kao strelicama pogađaše srca ljudi. Srca se otvaraše, a ljudima naviraše suze na oči. Poslednje reči joj behu otrovne strele. Sručiše se kao gnev s neba za nauk ljudima. Ona je kroz suze u očima i bes u ustima završavala:

- Ljudi! Znate li koliko je malo bilo potrebno da se ova tragedija ne dogodi?! Malo više ljubavi i razumevanja, a manje sebičnosti, i Anđela bi sad bila među nama. Nje sad više nema i kasno je ispravljati greške, jer sad se možemo samo nemo gledati, bez mogućnosti da bilo šta učinimo!

Zatim htede još nešto da kaže, ali snaga je izdade, te izusti samo:

- Anđela! – pa pogleda u grob. – Prijateljice moja... Nikad te neću zaboraviti!... Nikad! – i stade jecati na sav glas. Čisto, iz dna duše i bolno.

Ljudi se nakon toga raziđoše. Osta samo grobar još za neko vreme. Groblje uskoro prekri tama.

DRUGO POGLAVLJE

I

Poliklinički centar u gradu. Načelnik traumatološkog odeljenja obavlja vizitu. On je visok i stasit čovek, već u godinama i pred penzijom. Njegova pojava u belom mantilu i seda kosa na glavi ulivaju poštovanje i poverenje kod osoblja na odeljenju i kod pacijenata. Samopregoran je, veoma disciplinovan i izuzetno odgovoran na poslu. To zahteva i od svojih podređenih. Svojim primerom i autoritetom uspeva da iznudi krajnje požrtvovanje, ažurnost i rad kod ostalih.

- Mi moramo sve, ama baš sve učiniti da spasemo život unesrećenog! – znao je govoriti. – Sve ostalo je u rukama Boga i van naše moći.

Tog jutra je on ulazio u sobe i rutinski se upoznavao sa prirodom povreda ili bolesti novodošlih pacijenata. Proveravao je rezultate oporavka ranije došlih, te im prepisivao terapije, menjao ili pak ukidao. Ljudi iz njegove svite su užurbano to beležili kako bi odmah nakon vizite to sproveli u delo.

Pošto pregleda sve bolesnike, on se uputi u svoju kancelariju. Pred vratima je stajala žena, starija, otmena i izuzetno lepo obučena. Zlatan prsten na ruci, ogrlica optočena dijamantima i narukvica iz koje su svetlucali smaragdi, odavali su gospođu sa stilom, ukusom, ali i parama. Nailazak doktora je prenu naglo iz razmišljanja, jer je očigledno bila veoma zabrinuta.

- Doktore Andreoti, ima li nešto novo? – progovori žena, gledajući načelnika molećivo.

- Ah, to ste vi, gospođo Gattoni! Očekivao sam vas. Upravo ste dobrodošli – kaza doktor i pokaza ženi da krene za njim.

- Znate, vaš sin je još u komi. Ulažemo krajnje napore kako bismo ga vratili svesti. Devojka je prošla sa teškim ozledama lica i još uvek je u šoku. Ne seća se ničega. Sva sreća u nesreći je ta što su ispali iz auta, pošto se već bio zapalio – kaza doktor pošto uđoše u jednu prostoriju.

Usobi su bila samo dva kreveta. U jednom je ležao mladić sa zavojem preko očiju i aparatima za koje je bio prikačen.

U drugom, do prozora, je bila devojka, sva u zavojima, ali sa otvorima za oči, usta i nos. Ulazak načelnika i gospođe Gattoni u prostoriju je prenu iz sna i ona lenjo otvori oči, ali ih potom zatvori i nastavi da spava.

Gospođa Gattoni priđe prvo sinu i kleče pored kreveta, a zatim uze njegovu ruku, te je prisloni na usta i pošto je poljubi, stade izgovarati tiho molitvu, gledajući negde u plafon. Potom ustade i vrati ruku blago na krevet. Pošto uzdahnu duboko i teško kao da joj se u plućima skupila sva žalost ovoga sveta, priđe devojci.

- Kćeri moja! – kaza ona. – Ti si znači ta u koju se moj Niccolo zaljubio i kod koje je celo leto odlazio.

Devojka otvori oči i pogleda ženu. Kroz polusan i naprsla usta, progovori nešto nerazgovetno i kratko.

- Vanessa, čujes li me? Niccolo mi je pričao o tebi. Bio je očaran tobom; ako te on voli, volim te i ja. Ja sam njegova majka – stade joj govoriti, gotovo šaputati, gospođa, glasom punim ljubavi i topline.

Devojci počese podrhtavati usne, dok je teškom mukom pokušala nešto izgovoriti, a tada, pošto sakupi dovoljno snage, ona poče pričati, isprekidano, ali jasno:

- Ko... koji Niccolo? Gde s...sam ja to? Što me z...z... zovete tako? Oh, kako me boli glava, a niš...šta vas ne razumem – kaza, sklopi oči i zaspa.

Žena pogleda upitno doktora koji joj na to uz osmeh objasni:

- Devojka je u stanju šoka i normalno je da se ničega ne seća. Doduše, tek je dve nedelje prošlo od udesa i ne treba još očekivati previše, a danas smo je eto čuli prvi put da priča.

- Doktore, molim vas učinite sve što možete za njih dvoje – kaza žena glasom punim tuge.

Očigledno je bilo da je skrhana bolom.

- Gospođo Gattoni, moram vam reći, a verovatno vas i obradovati. Njih nema dvoje već troje - kaza načelnik.

- Što hocete reći time? – upita gospođa začuđeno.

- Hoću vam saopštiti da smo pregledom devojke ustanovili da je ona u začetku trudnoće i da nema nikakvih komplikacija po tom pitanju.

- Zaista, doktore?! Što mi to odmah niste rekli?! – reče ona, ne krijući ushićenje.

- Sve u svoje vreme – odgovori on i sam srećan što je vest imala tako dobar efekat.

Gospođa Gattoni tada priđe sinu i poljubi ga u čelo, a zatim to isto uradi i devojci. Ubrzo je već žurno izlazila iz bolnice, uputivši se prema sivoj metalik limuzini, pred kojom ju je čekao šofer. Kad ugleda gospođu, on žurno otvori zadnja vrata i ona sede. Auto zamače iza ugla.

II

Toga dana je Marko Buscetta kao i obično bio u svom ugostiteljskom lokalu, nedaleko od železničke stanice. To je bio omanji jednostavan bife sa nekoliko stolica uz šank i tri stola u sredini. Već godinama nerenoviran lokal, ali gde je piće jeftinije nego na drugim mestima, uglavnom je privlačio iste goste. Jedni su tu ceo dan provodili i pili, a drugi su znali da uđu, popiju s nogu i odu.

Marko se nije žalio na promet. Uvek je imao mladu devojku koja je služila goste. Često ih je menjao, jer su ga napuštale. Razlog je bio taj što su njegovim gostima uz piće i prohtevi postajali veći.

- Dobro, gazda, ima li nade da već jednom popravite ono kazanče u WC-u? – dobaci konobarica, onako u prolazu, dok je Marko prelistavao neke papire u šanku.

- Šta može biti sa kazančetom? – kaza on više za sebe, gotovo je i ne pogledavši.

- Ma, jeste li bili skoro tamo? – upita ga ona u povratku.

- Kad bi ga ti samo pipnula, on bi odmah proradio! – dobaci čovek sa obližnjeg stola uz osmeh, kome nos beše crven kao paprika babura, a usta sa malo zuba, što zbog godina, a što zbog neumesnog dobacivanja.

Na to Marko podiže glavu i pogleda u gosta, koji naglo ućuta i nastavi da ispija, svoje pivo iz flaše. Tad krete prema njemu, ali prođe pored njega i ode pravo u toalet. Znao je da se džeparoši ukradenog novčanika oslobađaju tako što ga ubace u kazanče za vodu. Policija i ako uhvati takvog, ipak ne može dokazati krađu, jer ruke lopova bez tuđeg novčanika ne znače da su lopovske. Bio je u pravu. Pronašao je lep šareni novčanik. On ga otvori. Znao je da ponekad može biti u njemu neki važan dokument ili slično, da se vrati vlasniku ako je moguće. U njemu beše jedna posetnica, telegram i slika. On izvuče prvo telegram. Zatim izvadi sliku. Stajao je zgranuto. On je znao tu devojku na slici. Bila je to Anđela.

Istog popodneva on je već bio pred vratima njenog ujaka Franciska. Jedva je čekao da vidi Anđelu. Sad ima, ako ništa drugo, ono dobar razlog za to. Vrata se otvoriše i pojavi se čovek.

- Dobar dan! – kaza Marko uz osmeh. Vi ste verovatno Anđelin ujak?

- Da, bio sam – kaza čovek pošto uzdahnu duboko.

Marka malo zbuni to, ali on nastavi:

- Pronašao sam njen novčanik i želeo bih da joj ga vratim.

- Niste me razumeli, gospodine. Njoj nažalost to više nije potrebno – kaza ujak Francisko.

- Kako to mislite? – upita Marko, pošto se naglo uozbilji.

- Ona... više nije živa – izgovori Francisko s teškom mukom, pa dodade: Prekjuče smo je sahranili.

Marko tog trenutka ostade bez reči i htede pitati, ali nije znao kako. Počeo je nepovezano mucati, ali ga Francisko razumede te nastavi:

- Boli me da o tome pričam, ali ona je ubijena. Zbogom, gospodine – to kaza i zatvori vrata pred Markom.

Marko je još stajao pred vratima u šoku. Osećao je neku čudnu vrućinu u sebi, a jedna reč mu je odzvanjala u glavi:- Ubijena! Ubijena! Ubijena!

Tad se okrete i pođe nekud. Zastade. Nije znao kuda se uputio. Misli su mu dolazile zbrkano, haotično i nije imao uvid u to šta mu je činiti. Samo jedno je znao, a to je da silno mrzi njenog ubicu i da bi najradije želeo da mu se nađe pod nogama. Nesrećnik bi ga molio za milost, ali on milosti ne bi imao. Još bi ga jače udarao i gazio, sve dok mu krv ne bi izašla na usta. Još uvek je držao Anđelin novčanik u rukama i shvativši da ga je njen ujak zaboravio uzeti, on se na momenat htede vratiti, ali odustade. Stigao je do svog auta. Pošto sede za upravljač, on otvori još jednom novčanik. Izvadio je Anđelinu sliku. Dugo ju je gledao i nije mogao zamisliti da ona više kao takva, ne postoji i da je nikada, ama baš nikada neće videti. Tad izvadi telegram, otvori ga i pročita ponovo sadržinu. Nije mogao verovati u ono što piše, ali ipak, pisalo je. Ponavljao je poslednje reči iz telegrama:- Tvoga deteta, tvoga deteta. Pobogu čijeg deteta?! – upita se on.

Utom mu posetnica ispade iz novčanika u krilo i skrete njegovu pažnju. On je osmotri letimično, ali zaustavi pogled na ceduljici prikačenoj o nju. Beše to potvrda o prijemu filma na izradu. Marko pogleda na sat jer se već počelo smrkavati, pa pošto vrati sve sem cedulje u novčanik, on ga baci na zadnje sedište. Novčanik odskoči i pade dole.

Već nakon dvadesetak minuta sulude vožnje gradom, Marko je bio pred radnjom "Foto Sandoza". Ipak nije stigao na vreme. Zakasnio je samo pet minuta. Očajan je bio i kivan. Okrete se. Preko puta ulice koja je bila prilično široka, visila je reklama iznad nekih vrata. Bio je to deda koji pije pivo iz krigle. Izgledao je da taj brkajlija tako s apetitom ispija pivo, da je Marko u trenu osetio potrebu da ugasi žeđ. On nije bio pivopija, a pivo mu je čak i smetalo. Već nakon prvih gutljaja, on bi dobio crvenilo u očima. Ako bi se desilo da ispije nešto više, tad bi bio spreman na svađe, prepirke, ili bi pak znao da bude napadan, reklo bi se čak agresivno raspoložen. Katarina, njegova žena, je znala to i kad god je bila u prilici, ona mu je branila da pije pivo. Ipak, Katarine nije bilo pored njega, a dedica sa slike je prosto mamio u pivnicu ne hajući pri tom na probleme običnih ljudi.

III

Nakon mesec dana provedenih na odeljenju intenzivne nege i serije zahvata estetske hirurgije, Wanesu prebaciše na porodiljsko odeljenje, radi očuvanja trudnoće. Tog istog jutra u kancelariju odeljenja uđe doktor:

- Sestro Patricija, želim vam reći da smo jutros na odeljenje primili buduću porodilju o kojoj se lično morate starati. Ona je iz ugledne porodice Gattoni. Stoga zahtevam potpunu odgovornost i pažnju s vaše strane. Mislim da ste me razumeli! – kaza on.

- Da, jesam. Biće kako vi kažete - odgovori Patricija.

Nešto kasnije, već je žurila hodnikom ka sobi te porodilje. Još je bilo rano i svi su uglavnom spavali, tako da sestra Patricija ne želeći da probudi svog novog pacijenta, otvori pažljivo vrata i uđe unutra. Letimično pogleda devojku, koja je još spavala, a zatim se s nešto više pažnje udubi u karton koji beše okačen o krevet: Wanessa Gattoni i prepisana terapija od strane doktora koji ju je primio na odeljenje. Patricija tad priđe stočiću sa medikamentima u nameri da pripremi ono što je potrebno, ali iako beše okrenuta leđima, ona oseti pogled.

Devojka je zurila u nju.

- Patricija, otkud ti ovde? – prozbori ona.

Patricija ju je zapanjeno gledala, a lice joj se počelo pretvarati u grimasu užasa. Tad joj se krv potpuno s obraza izgubi te oni poprimiše neku plavu boju. To potraja trenutak samo, a onda se sestri vrati krv u obraze. Ona još uvek u šoku zatvori oči na momenat. Konfuzija u mozgu je bivala sve veća i dostiže vrhunac. Tad se obično gubi tlo pod nogama, ali Patricija izdrža. Povrati se u stvarnost.

- Jesi li ti to, Anđela? – upita je s nevericom.

- Ja sam, a ko bi drugi bio? I ne znam zašto me svi zovu Wanesa. I ko je ta žena, pa Niccolo? Šta je svima vama uopšte? – stade nabrajati, istovremeno se nameštajući u sedeći položaj.

Patricija ju je slušala i za to vreme lagano prilazila. Još nije mogla verovati u ono što vidi... kad joj priđe nadomak ruke, poče joj dodirivati usne vrhovima prstiju.

- Ti si živa!? – kaza i sede pored nje.

- Zar ne bi trebalo da budem živa? – upita Anđela u čudu.

- Eto, mi smo te sahranili i isplakali se za tobom, a ti se vratila – kaza Patricija, dok ju je sada Anđela slušala i žmirkala očima.

- Ti si luda! Jel' tako? – konstatovala je Anđela.

- Ne znam. Možda je ovo samo san. U snovima je normalno razgovarati s pokojnicima. Ili sam možda i ja umrla? Ali ne, ne mogu verovati u ovo! – govorila je Patricija, tačnije, glasno razmišljala.

Anđela je za to vreme pokušavala premotati film unazad ne bi li se setila kakvog detalja, a Patricija videvši to, pokuša joj pomoći.

- Izašla si iz voza, zar ne? – upita je.

- Da, bila je noć i ja sam izašla. Izbacio me je kondukter jer nisam imala kartu za voz – prisećala se Anđela.

- Kako to? – upita Patricija.

- Neko mi je ukrao novčanik iz tašne. Ostala dokumenta sam držala u jakni – kaza Anđela.

- I šta je onda bilo? – upita sestra.

- Ne sećam se tačno, ali mislim da nisam znala šta ću. Onda sam izašla iz stanice napolje, pa ugledala... - tad zastade za trenutak pa nastavi. – Da, da, bila je to jedna devojka.

- Devojka? – iznenađeno će Patricija.

- Jeste. Odmah prekoputa. Ja sam joj prišla, jer je posrtala. Onda je pala. Bila je prljava i mokra. Drhtala je i ja skidoh svoju jaknu te je ogrnuh – ispriča Anđela.

- Šta se potom desilo? – radoznalo će Patricija.

- Otrčala sam u stanicu po pomoć, ali tamo nikog nije bilo. Vratila sam se kod nje, ali ni nju više nisam našla.

- Jesi li je potražila? – upita sestra.

- Jesam. Bio je mrak. Sećam se nekih farova i više ničeg – kaza Anđela.

- Ipak, dospela si u jednu bogatu porodicu. Kako to?- dodade Patricija.

- Ne znam tačno, ali mladić koji je bio sa mnom do pre neki dan u sobi i ja smo imali saobraćajni udes. Njegova mama me zove Wanesom, doktori itakođe.

- A ti? – upitala je prijateljica.

- Ja sam pokušala da im objasnim da to nije tačno, ali mi niko ne veruje jer misle da buncam. Čula sam da su Niccolo i Wanessa tajno venčani – ispriča Anđela.

- Tačno. Vas dvoje ste venčani – doda Patricija kroz osmeh.

- Ali ti znaš da to nije istina i potvrdićeš moj iskaz! – usplahireno će Anđela.

- Neću – kaza Patricija. – Ionako se teško možes prepoznati. Sad si dobila mladež iznad usne. Ne znam kako, ali ti dobro stoji.

- Kako nećeš? A kad se pojavi prava Wanessa!?

- Neće, to sigurno! – doda Patricija.

- Nije valjda? Oh, reci da nije! - zapanjeno će Anđela, jer je počela shvatati u čemu je zabuna.

- Jeste. Nažalost, izgleda je tako. Pronađena je devojka s tvojim dokumentima. Ubijena, a zatim spaljena. Sahranjena je kao Anđela Viskonti u tvom selu. Zato imam ideju, Anđela. Bićeš mudra, zar ne? – kaza joj Patricija.

- Oh, kako mi se spava! – zevnu Anđela i promeškolji se u krevetu.

Patricija ustade sa kreveta. Prošeta malo po prostoriji. Pogleda Anđelu. Spavala je.

IV

Kako li je samo tajanstvena noć negde u polju van grada i daleko od svetlosti i vreve. Tamo gde zuji dalekovod i izdiže se sablasno iznad krošnji koje lelujaju na blagom povetarcu, dok cvrčci pevaju svoju pesmu i remete tišinu. Tad mesec plovi nebom i skrivajući se malo, malo za oblake, čas obasjava okolinu, a čas ne. Da li je to njegova priroda, dvoličnost ili tako nešto, kada u jednom momentu skriva, a u drugom otkriva? Na trenutak biva saučesnik, a zatim izdajnik. Sunce je simbol ljubavi, sreće, radosti i dobrote. Mesec je njegovo ogledalo u noći. U ogledalu je izvrnuta slika, tako da on preslikava mržnju, nesreću, tugu i zlo.

Ova noć je noć punog meseca. Noć kada se gospodar tame poigrava ljudskim dušama kao marionetama, u kotlini okruženoj brdima koju na jednom delu preseca pruga, a na drugom vijuga reka ponornica i nalazi se jedno imanje sa malenom crkvom. Crkva je uz samu stenu sagrađena još pre mnogo leta, a pored nje je maleni vrt. Vrt zarastao u korov, šaš i travuljinu. U njemu kamena ploča s imenom: Selena, poživela 21 godinu.

Kakva li je to mladost tako prekinuta? Možda je pokojnica volela život i verovala u sreću, a tad se dogodilo nešto strašno i smrt je došla nenadano. Kad neko umre mlad, to je tragedija. U dubokoj starosti je prirodna smrt. Tolika razlika u istom, a smrt je uvek prirodna i nikad neprirodna. Samo je poenta u tom što neko egzistira duže, a neko kraće, da bi na kraju ishod bio smrtan.

Tako posmatrano, čovek postoji da bi večito tragao za potpunom srećom, doživljajući ponekad tek samo trenutke sreće, a u stalnom podsvesnom strahu od života i smrti istovremeno. Tako stvarajući materijalna dobra, a što je moguće više i novca, on pokušava da obezbedi sebi što ugodniji i lagodniji život, te tako i bezbedniju budućnost. Ipak, koliko god čovek stvorio sebi za života i kako god da lepo živi, od toga postoji bolje. On ipak nikad nije zadovoljan. U večitoj težnji ka napredovanju, a u strahu od gubitka onoga što ima, nikad nije dovoljno srećan. Tako posmatrajući svet, on je surov. Ipak, postoji i drugi pogled koji sve to ublažava, ili je lišen negativnih misli, a ljudi ga nisu svesni. To je ono što prožima čoveka i božansko je, a neopipljivo je i čisto. Ono u čoveku što postoji i duh je, a ne plaši se ni života niti smrti, jer gladan ne može biti niti žedan. Ali, duh može da pati. Duša ume da boli. Iz ljubavi tako nastaje mržnja. Stoga, ako su dva toliko različita osećanja ipak tako blizu, zašto ne pretpostaviti da su dobro i zlo u nekim višim nedokučivim stvarima bliži no što se misli? Da li jedno proističe iz drugog, ili prvo razobličuje drugo, jer su kontrakcija? Da ne postoji svetlost, ni mrak ne bi bio toliko taman. Ljubav i svetlost na jednoj, a mržnja i mrak na drugoj strani se potiskuju međusobno, ali uvek dodiruju.

Vratimo se mi nasoj priči i usamljenoj dolini, te noćnoj tihoj jezi koja se nadvila nad grob Selenin, što počiva u miru. Ali, da li je to baš tako?

Unutar pećine je žagor. Ljudi u crnim mantijama se nešto došaptavaju, prepiru i pokazuju žučno rukama. Iz pomrčine, gore na uzdignutom delu se pojavljuje žena u beloj mantiji i žagor momentalno prestade.

- Pre nedelju dana sam se vratila i bila u bolnici kod našeg vođe. Lekari se bore za njegov život, ali ako se desi da izgube bitku, onda samo možemo verovati da ga Satana želi k sebi, blizu, i moramo biti ubeđeni da je to onda najbolje što se moglo dogoditi.

Vas sam pozvala, kao i uvek do sad, na način koji svakom ponaosob odgovara i to i ubuduće nećemo menjati. Jedino što izvesno vreme naše sastajanje neće biti redovno dok se ne organizujemo bolje u novonastaloj situaciji.

Noćas nemamo nikakav program! – kaza žena kad se ču ponovo žagor, komešanje, samo zakratko. – Stoga, pre no što se raziđemo, da vam naglasim i to da ukoliko dođe do bilo kakve promene u mom ponašanju ili ponašanju bilo kog drugog na ovom mom mestu, ili pak promene u načinu rituala i novih zahteva od vas, to znači da je to volja đavolova i da se morate povinovati tome! Ko se ne bude ponašao shodno tome, biće kažnjen i milosti prema njemu neće biti, jer taj osećaj nam je potpuno stran, kao što znate!

Žena u beloj mantiji je završila i dozvolila svima da se raziđu. Ostao je samo sedi pogrbljeni starac, ali odan Niccolu, sa dobermanima.

- Ispričaj mi, Raffaelo, šta se to dogodilo one noći kad sam ja otputovala vozom?

- Sat vremene pre početka rituala je došao Niccolo i rekao mi da hoće voditi Wanessu, ali da će se vratiti na vreme. U jednom trenutku, video sam, ona je istrčala iz auta i Niccolo je pojurio za njom. Brzo je trčala, a zatim, pre kanjona se počela pentrati uz stenu. Niccolo je krenuo za njom i na nekoliko metara visine je sustigao i dohvatio za nogu. Tad su oboje pali i mnoštvo kamenja i zemlje na njih. Ona se brzo ponovo podigla i otrčala niz kanjon. Niccolo je tek malo kasnije došao sebi, ali nje već nije bilo i on se vratio do auta i krenuo za njom.

- Kad se vratio, da li je bio sa njom? – upita ženica.

- Bio je sa nekom drugom devojkom. Neverovatno koliko je bila lepa! – kaza Raffaelo.

- Otkud mu ona? A Wanessa? – upita ženica.

- Ovu je dovezao uobičajeno, ali je bila uspavana i doneo ju je u rukama i položio ovde na krevet. Meni je naredio da je svučem i namažem uljem i to mi apsolutno nije bilo teško! – govorio je starac uz osmeh i videlo se da evocira zaista prijatan doživljaj, ali ga žena u beloj mantiji prekide.

- Šta se dogodilo sa Wanessom?

- Ah, da! Nakon rituala me je Niccolo odveo do auta i otvorio pak treger. Unutra je bila Wanessa. Udavljena –

kaza starac i malo poćuta, sačekavši reakciju mlade žene pored sebe.

Onda pokaza kratkom grimasom na licu i pokretom očiju u stranu da nije radosna zbog toga. Kasnije nastavi kao da joj je svejedno, tako uz neprimetnu promenu boje glasa.

- Šta je potom bilo? – upita ga.

- Ja sam uzeo mrtvu Wanessu i kad su svi otišli, odvezao je onim svojim starim autom na petnaestak kilometara odavde i na jednom skrivenom mestu uz reku, polio benzinom i zapalio – ispriča starac jezivu ispovest.

- Pretpostavljam da je Niccolo povezao ovu novu devojku sa sobom, a onda su imali udes? – kaza ženica, sad bez mantije, jer ju je u međuvremenu svukla.

- Jeste! Bilo je tako! Kako je samo te noći uživala pod Niccolom! - prisećao se starac. Zarila mu je nokte u leđa, a on se izvijao od bola i gurao još jače u nju. Ujedali su jedno drugo kao vuk i vučica kad se pare!

- Dosta, Raffaelo! Ne moraš više jer bih se mogla napaliti, a od tebe baš nema vajde! – kaza ženica uz sjaj iz divnih očiju. – Ali, tu devojku moram naći! – dodade.

Što zamisli i učini! Već istog prepodneva je stigla u bolnicu i tražila da vidi devojku koja je doskora ležala u Niccolovoj sobi. Uputili su je na porodiljsko odeljenje gde treba tražiti Wanessu Gattoni.

To joj sad baš i nije bilo jasno, ali bez obzira na sve, ipak se našla uskoro u njenoj sobi.

- Anđela!!! - kriknula je iz sveg glasa kad ju je ugledala.

- Oh! Ne mogu da verujem da si to ti! Kako si me našla, Katarina? Nemoj se ljutiti na mene! – pravdala se Anđela, iako je ova ni za šta nije optužila

- Ne ljutim se na tebe, jer mi je u potpunosti odgovaralo da se dogodi „nešto" među vama i tako se otarasim Marka, jer je ionako budala!

Anđela je zinula. Nije mogla verovati u ovo što čuje. Mislila je da su Marko i Katarina u skladnom braku!

- Nije se ništa dogodilo između mene i Marka!... poćuta malo, razmisli. – Iako,... moglo je da sam ja htela! – odgovori joj Anđela.

- Bitno je da ja više nisam sa Markom, a ti ćes možda i biti, mada, videćemo! – kaza joj Katarina.

- Šta zapravo hošes od mene, Katarina? – upita je Anđela.

Iz očiju joj je sevnula varnica.

- To baš hoću! Volim kad ti vidim bes u zenici oka! – odgovori joj Katarina.

- Zasto baš u oku? – upita se. Osmehnu se i namesti bolje u sedeći položaj.

Očigledno joj je postalo zanimljivo, a oči su joj sijale iščekivanjem sledećeg.

- Eto, vidiš! Ta promena raspoloženja u momentu. Crno-bela fizika. Nešto kao iz krajnosti u krajnost, a sredine nema – kaza joj Katarina.

- Misliš na smeh i plač istovremeno? Ili se možda mudrost i očaj na jednoj strani, graniči sa inteligencijom i blaženstvom na drugoj? To je svojstveno velikim ljudima i onima koji su nešto stvarali u mašti i kreativnosti i uglavnom muškarcima! – odgovori joj Anđela.

- Nego, ova sestra što ulazi i izlazi iz tvoje sobe! – kaza Katarina i zastade, htede da izusti do kraja.

- Šta s njom? – upita je Anđela nestrpljivo, pomalo nestašno i nekako kao sa osmehom na usnama.

- Eto to da je kao ljubomora! Vidim da me je pogledala nekoliko puta, nekako čudno, a i tebe je! Umem da osetim dosta toga! – ispriča Katarina.

Anđela ju je gledala direktno u oči, gotovo joj pronikla u um, i jedan primetan osmeh joj se nije skidao sa divnih punih usana, preko kojih je pao pramen crne kose, gar-kose.

Jedno oko se takođe naziralo iza tog pramena i svetlucalo između vlasi kose koje Anđela pokretom glave u stranu pokuša da zbaci, ali umesto toga, još više kose joj se vrati i prekri s preda. Na momenat ostade tako šašavo i izgledalo je kao kad vučica vreba kroz granje plen; onda se pomože rukom i otkri lice još u ožiljcima. Iako su se posledice postoperativnih zahvata još jasno videle, a na neki svojstven način i delimično ružili Anđelu, ipak je to izgledalo pomalo uzbudljivo, kao kad se posmatra more u leto, onako divno, plavo i poželjno, a tu i tamo malene brodice ga samo još više ulepšavaju, umesto da ga ruže.

- Ti si došla u obilazak mene kao bolesnice, jer te zanima moj oporavak? – upita Anđela bivšu gazdaricu.

- Izuzetno me zanima tvoj oporavak i više od toga, tvoj napredak koji je očigledan, s obzirom da te znam kao devojku čednu i smernu! - odgovori joj Katarina.

- Drvo saznanja je čudesno! Na granama su plodovi jabuka; iz svake ponaosob, prska slast kad zagrizeš. Slast se pretvara u strast i samim tim u iskušenje. Kad prvi put devojka izgubi čednost, ona postaje žena! Ta jabuka joj se osladi i ona počinje da razmišlja drugačije i shvata stvari oko sebe na potpuno nov način od onoga do tada – odgovori joj Anđela.

- Kraj je posete! – kaza im Patricija, pošto uđe po ko zna koji put u prostoriju.

Katarina ustade i pogleda značajno u Anđelu

- Videćemo se još! - dodade i ode.

V

A jutro? Ono je takođe magično. Sve što je u toku noći izgledalo tajanstveno, čudno, zastrašujuće, odjednom nekom čarolijom, izlaskom sunca, biva razobličeno, pa i ono demonsko. Ljudi koji se naročito raduju zori kad zarudi su optimisti, a jedan od njih je bio Marko Busсceta.

Tog dana je trebalo dokazati nevinost na glavnom pretresu o ubistvu Anđele Viskonti. Nije sumnjao u neuspeh. Kad su stražari došli po njega, on im je gotovo potrčao u susret. Ovih nekoliko nedelja provedenih u istražnom zatvoru za njega su bile večnost i jedva je čekao da izađe na slobodu. U sudnici je bio izložen unakrsnim ispitivanjima javnog tužioca, koji je između ostalog zahtevao i najveću moguću kaznu za njega, a naročito se pozivajući na svirepost ubistva, tačnije, način na koji je taj zločin izveden.

Ali, zašto je baš Marko osumnjičen za ubistvo? To je posebna priča. Ono veče kad je svratio u pivnicu, dobro se nakvasio pivom iznutra i onako pijan, seo za volan. Kako Sandozina radnja prekoputa nije radila, odluči da je sam otvori. Uradio je to autom, a što nije baš u skladu sa zakonom. Ubrzo se našao iza rešetaka. Policija je pretresla njegov auto i pronađen je Anđelin novčanik. U priču o kazančetu u WC-u i lopovima nisu mu poverovali.

- Gospodine Buscceta, da li je bilo nešto više između vas i pokojne Anđele Viskonti? - glasilo je jedno od pitanja tužioca.

- Ne, ona je bila naša kućna pomoćnica, kao što znate, ali intimno ništa nije bilo između nas – odgovori Marko, pogledavši pri tom Katarinu koja je bila prisutna u sudnici.

- Ali, te večeri kad se dogodio zločin, vi ste putovali istim vozom? Da li to znači da ste pratili Anđelu? - bila su neka od pitanja tužioca.

- Nisam znao da je ona u vozu, a to što smo izašli na istom mestu je čista slučajnost. Ja tamo idem često kod ženinih roditelja, a tad nam je auto bio u kvaru – odgovori Marko.

- Objasnite mi onda - zapitkivao je tužilac – kako to da ste se kući vratili svojim kolima i činjenicu da otpravnik na stanici nije primetio i vas da ste izašli iz voza?

- Auto je bio kod majstora u radionici još od prethodnog vikenda, a kako me nije primetio službenik na stanici, to ne znam - odgovori Marko.

- U redu, neka bude kao što vi kažete - složio se tužilac. – Ali, morali ste po izlasku iz voza primetiti Anđelu, s obzirom da je bila jedina osoba i nije bilo teško prepoznati je.

- Nisam je uopšte video! - odgovori Marko.

- Ali, prilikom istrage, u svom iskazu ste tvrdili da ste se zadržavali na stanici, što onda uopšte nije tačno, jer ste tad morali prepoznati Anđelu, shodno tome da je ona boravila tamo barem desetak minuta - govorio je tužilac Marku, držeći pri tom penkalo u ruci i kao dirigent mahao njime.

- U stvari, uopšte nisam bio na stanici! - odgovori pri tom Marko, iznenadivši u sudnici sve sem javnog tužioca koji se zadovoljno smeškao i čekao da žagor utihne.

- Sad nam odgovorite gde ste i kako ste izašli – zahtevao je tužilac samouvereno, gledajući Marka.

- Izašao sam nešto pre, jer je voz stao, a to mi je baš odgovaralo – kaza Marko.

- Zar baš u blizini radionice gde vam je bio auto? Da li je i to slučajno? - upita tužilac.

- Eto, i to je slučajno – kaza Marko, podignuvši ramena kao malo dete koje je uhvaćeno u prestupu i pokušava dokazati nevinost.

- Zašto ste onda lagali u iskazu?- upita tužilac blagim tonom.

Tad je zavladao tajac u sali i svi su gledali u Marka, sem njegovog branitelja, koji je tražio nešto po svojim papirima i sam iznenađen novim momentom kojeg nije znao.

- Ja sam povukao kočnicu u vozu da bih izašao. Hteo sam to da prećutim, smatrajući da je to prestup za koji u stvari treba da odgovaram, a ne ono što vi mislite - ispriča Marko.

- Vi ste zatim uzeli auto i otišli po Anđelu, verovatno po dogovoru? – kaza tužilac.

- Ulažem prigovor! – na to će branilac.

Sudija utom gestom ruke pokaza da ne usvaja prigovor i htede dati ponovo reč tužiocu, ali tad na iznenađenje svih ipak uvaži prigovor. Onda ustade branilac. Bio je to čovek sa podosta viška kilograma na sebi. Za razliku od tužioca koji je bio suv i visok, ovaj je bio debeo i nizak. Prvo je obrisao znoj sa čela, maramicom koja mu je uvek pri ruci, a zatim poče:

- Uvaženi sude i gospodo porotnici! Sve činjenice navedene u optužnici koje ovog tamo čoveka terete za ubistvo sa predumišljajem, zasnivaju se samo na pretpostavkama i nemaju nikakvog pravnog osnova da bi se on i proglasio krivim. Svedočenje Anđelinog ujaka da je optuženi hteo da mu da novčanik, navodi na to da je on ili lud, ako je ubica, ili pak potpuno nevin. Međutim, ima jedna pojedinost koja meni nije jasna. U obdukcionom nalazu leša je utvrđeno da pokojnica nije bila u stanju trudnoće, dok neke stvari ukazuju da je trebalo da bude suprotno. Zato zahtevam od suda da Marka Busccetu oslobodi krivice, a ceo postupak u vezi sa ovim zločinom treba obnoviti. Tim rečima branilac završi besedu, te pošto se blago nakloni, sede za sto.

Ubrzo potom, nakon kraće pauze i zasedanja sudije sa porotnicima, Marko je oslobođen.

VI

Danima već kiša rominja, onako dosadno i melanholično. Na momente pravi pljuskovi, uz vetar hladan i zao, opominju da je zima tek prošla. Grad je zaogrnut sivilom i utopljen u vlagu, dok se potoci vode slivaju u odvode i podrume. Tu i tamo poneki kontejner je prevrnut vetrom, a po rasutom đubretu čeprkaju psi lutalice i mačke. Vozila se lenjo kreću ulicama uz upaljena svetla iako je dan, pešaci žure sa kišobranima ili kabanicama pognutih glava i nervozno. Tako je u gradu. Ali, kako je na brdu pored grada?

Tamo žive bogati i veoma bogati. Tamo je vedro i kada pada kiša. Niko ne mora biti mokar. Svaki veliki grad na svetu ima svoje brdo. Ono je uglavnom nedaleko od središta grada i svih zbivanja u njemu, ali dovoljno daleko da pruža bezbedno utočište onima koji tu mogu da priušte sebi život. Takvo brdo je obavijeno šumom i zelenilom, koji svoje stanare štite od smoga, buke i nepoželjnih pogleda. Njih čuvaju i lični čuvari, dresirani psi i policajci.

Nije lako, ali je lepo biti bogat. Ovo prvo iz razloga večite borbe da se sačuva svoj imetak i naravno da se uveća. Time oni bogati održavaju prestiž u odnosu na ostali svet i status u svom. Lepo je jer oni mogu imati za sebe mnogo toga opipljivog i uživati u tekovinama civilizacije. Ali, sreća, ljubav, i tome slično, ne zavise od računa u banci.

Veliki crni auto se kretao ulicom popločanom kamenom uz koju se i s jedne i s druge strane jasno uzdizao trotoar, oivičen crvenom ukrasnom ciglom. Šofer je vozio oprezno, ne želeći da rizikuje, jer kolovoz je bio klizav. Kroz zamagljene prozore nazirale su se kuće bogataša, ograđene živim i metalnim ogradama, te zidovima raznih oblika i veličina a kroz čelične kapije, tu i tamo, virila je njuška kakvog velikog psa. Zatim se vozilo uputi preko uskog kamenog mosta, koji se sa svoja tri stuba u blagom polukrugu uzdizao iznad rečice, koja je divlje žuborila nekud u maglu.

Put je dalje vodio preko uredno podšišanog proplanka, što je nagoveštavalo privatni posed. Zatim auto zamače u stoletnu hrastovu šumu, da bi nedugo potom izbio na čistinu u čijem sedištu se jasno isticala fontana, neobičnog izgleda. Nakon što zaobiđe fontanu, limuzina izbi pred kuću, niz čije prostrano stepenište tad istrčaše ljudi sa kišobranima i sjatiše se oko auta. Zadnja vrata na vozilu je otvorio šofer u uniformi. Prva se pela uz stepenice gospođa Gattoni u čijem naručju je bila beba. Ona se pela uz stepenice dok ju je jedan od slugu pokušavao pratiti kišobranom. Imala je na sebi svetlokrem komplet sa sakoom, a na glavi šešir od pletenog pruća. Iza nje je išla Anđela zaogrnuvši se samo velikim vunenim šalom boje višnje, dok je na sebi još uvek imala svetlu bolničku pidžamu. Nju je pridržavala sestra Patricija sa desne strane, a s leve jedna od sluškinja, koja je iznad nje držala otvoren kišobran.

Gospođa Gattoni je bebu odnela na sprat i smestila je u već pripremljenu kolevku u sobi velikoj i svetloj. Anđelin krevet je bio pored bebe, a sestra Patricija je dobila sobu do Anđeline. Postojala su vrata i na unutrašnjem zidu između tih prostorija. Tako je Patricija, u svakom trenutku, lako mogla biti na usluzi Anđeli kao i bebi.

Tog dana je bilo veoma živo u kući Gattonijevih. Cela posluga je želela da upozna novu gazdaricu i vidi malog sina. Posle podne i kiša je prestala da pada. Sunce pri zalasku se počelo nazirati kroz oblake crvene boje. To je ukazivalo da sutradan može biti vetrovito, ali lepo vreme.

Anđela je zurila na momente kroz prozor u pravcu šume, koja tad zbog sunčevog odsjaja poprimi crvenkastu boju. Sumrak se počeo uvlačiti u prostoriju, a vatra u kaminu je pucketala i jedino remetila prijatnu tišinu. Beba je spavala mirno i gotovo da se čulo njeno disanje. Nikoga nije bilo u sobi i ona je posmatrala svoje čedo. Osetila je snagu i rešenost da istraje do kraja. Snaga koja je majčinski nagon i osećaj koji se javlja tek kod žene kad rodi, nešto je, što se ne može opisati rečima već samo doživeti. Ima još nešto što poseduje svaka žena i što kadtad dolazi do izražaja. To Anđela nije identifikovala, ali je shvatila da poseduje i da se time može koristiti. Neko zakuca na vrata i ona se trže. Priđe im i otvori ih. Ugleda sluškinju.

- Da li će mlada gospođa večerati u trpezariji ili u svojoj sobi? - upita ona.

- Sići ću dole - kaza Anđela. – Jer ne želim da probudim malog.

Sluškinja se nakloni i ode. Anđela priđe krevetiću. Pogleda sina. Ustanovi da spava. Izađe tiho. Hodnik kojim se kretala je bio osvetljen prigušenom svetlošću kao i stepenice nadole. Veliki hol je osvetljavao ogroman kristalni luster. Pošto Anđela uđe u trpezariju, istog trenutka joj priđe sluga i pokaza mesto za velikim stolom od masivnog drveta. Veliki zidni sat sa klatnom je visio iznad vrata. Otkucavao je tačno sedam časova. Anđela je poslužena kuvanom govedinom i sosom. Ren je bio na stolu i špagete sa nekoliko preliva. Ona se osećala nelagodno, jer nije bilo u njenoj navici da je neko stalno u njenom prisustvu i neprekidno na usluzi. Sluga se trudio da je usluži na najbolji mogući način.

- Gde je gospođa Gattoni? Zar nema baš nikoga? – upita ona slugu da bi razbila monotoniju.

- Gospođa je u fabrici i doći će kasno večeras – odgovori sluga, malo razmisli te nastavi:

- Svi se nadamo da će vaš suprug uskoro ozdraviti i vratiti se poslu.

Sluga priđe prozoru da ga pritvori. Ponovo se okrete Anđeli.

- Vama nije dobro! Zašto ste tako bledi, gospođo?- iznenađeno će on.

- Ah, nije mi ništa – kaza i dodirnu prstima čelo. Sačeka trenutak, te će:

- Znate, veoma se brinem za Niccola! – kaza i ustade od stola. Pogleda slugu direktno u oči i čarobno mu se osmehnu. – Sa mnom je sve u redu. Laku noć!

Anđela je ušla u svoju sobu. Svetlela je samo mala stona lampa. Vrata Patricijine sobe su bila odškrinuta. Odatle je dopiralo nešto svetlosti. Bila je uznemirena. Znala je da je tuširanje opušta. Brzo skinuvši sve sa sebe, ona pohita u kupatilo. Mlaz tople vode joj je prijao. Uživala je dok su joj kapljice vode klizile niz telo. Beba zaplače i to je vrati u stvarnost, ali tad ču korake i plač prestade. Anđela izađe iz kupatila, zamotavši se samo peškirom oko struka, dok je voda kapala sa nje i ostavljala trag. Prišla je krevecu i pogledala bebu.

- Spava – reče i pogleda u prijateljicu koja je još uvek ljuljala krevetac te će:

- Mnogo je lep, zar ne?

- Jeste, lep je! – kaza Patricija i pogleda u Anđelu sa koje su svetlucale kapi kao rosa zorom. Mirisala je na cvetnu poljanu. – I mama mu je lepa! – doda Patricija.

Anđeli zasvetleše oči. U trenu se uozbilji.

- A tata? Ko je on uopšte?

- On nema više tatu! Zar mu je potreban? – dodade Patricija.

- Nije, a i zašto bi!? Ima bogatu mamu i svoju dadilju – reče Anđela pa zaobiđe krevetac i priđe blizu Patriciji. Dodirivala ju je svojim nabreklim grudima.

Patricija je drhtala. Nije izgovarala ništa. Bila je uzbuđena. Anđela nastavi:

- Znam šta oduvek želiš i zato ovo veče poklanjam tebi.

Na to je Patricija nežno privuče k sebi i zagrli oko struka. Bile su iste visine. Njihove usne se spojiše. One skliznuše na mekani ćilim u ljubavnon zagrljaju i koktelu od strasti i požude. Ljubile su jedna drugu, mazile i srkale sok iz malih uzanih otvora, skrivenih među dlačicama. Obe su uzdisale i jecale od uživanja bezbrojnih orgazama. A onda, tek što je prošla ponoć, neki farovi automobila su na momente osvetljavali unutrašnjost sobe. Njih dve se pogledaše. Patricija ustade i navuče na sebe šta je imala i priđe kaminu. Auto pristiže i čuše zvono na vratima, a potom i nekakve glasove i galamu.

- Šta misliš da je? – upita Anđela.

Patricija ubaci poveću cepanicu u žar i gledala je kako varnice vrcaju. Okrete se i priđe Anđeli. Poljubi je u obraz.

- Mislim da si postala udovica! – reče joj.

Koraci su se približavali i Anđela navuče spavaćicu. Neko zakuca na vrata. Ona krete da otvori. Zastade. Bila je u nedoumici. Kucanje se ponovi. Neko je bio nestrpljiv. Anđela otvori vrata. Bio je to sluga iz trpezarije. Zadah.

- Gospođo, imam... veoma mi je žao – grcao je od uzbuđenja. – Imam da vam saopštim tužnu vest.

Anđela ga je gledala. Oseti da joj je prijateljica prišla i naglo se okrenula prema njoj. Zagrli je i poče jecati. Sluga nije morao završiti. Sve je bilo jasno. On je pognuo glavu jer mu je bilo žao.

- Ostavite nas nasamo – kaza mu Patricija tiho, te pritvori vrata.

Sluga otide. Tad ona povuče Anđelu i položi na krevet.

- Ne brini, sve je po protokolu. Sad spavaj, a sutra ćeš plakati. – kaza joj nežnim tonom Patricija.

- Da bude po protokolu, a – osmehnu se Anđela i uskoči u meku postelju.

- Baš tako, i videćeš sve druge tužne i uplakane po dužnosti – reče Patricija.

- Šta je sa gospođom Gattoni? Ona je zaista u žalosti – kaza Anđela.

- Da, i svi su dužni to isto, samo zbog nje – odgovori Patricija.

- I zbog mene! – doda Anđela.

A tog trenutka nešto sjajno proviri iza oblaka i obasja prostoriju. Anđela okrete glavu u pravcu prozora. Videla je mesec veliki i okrugao. Njegovi zraci su joj dopirali do samog mozga i iritirali dušu, koja tad dobi čarobnu snagu i uzdiže se visoko u nebo. Letela je u pravcu meseca, koji joj je uzmicao i šašavo se kezio. Tad ona pogleda nadole i ugleda rečicu koja je svetlucala na mesečini. Ona kao da ju je dozivala, te se uputi za njom i pojavi nad nekakvom dolinom. Začu vrisak i to je uplaši. Dopiralo je iz jedne malene crkve ili groba pored nje. To je uspaniči i htede se vratiti, ali nešto ju je vuklo baš tamo. Začu se opet vrisak, pa za njim drugi i ona se probudi.

Dete je plakalo. Anđela ustade i uze bebu u naručje. Priđe prozoru. Bilo je tamno. Mesec se sakrio iza oblaka.

VII

Najveća radost za svakoga mornara je kada se brod primiče kopnu i trenutak kad se ugledaju svetla grada, luke. Još ako je to u svitanje, tad more poprimi nekakvu ljubičastu boju, koja postepeno prelazi u plavu i svetloplavu. Nebo na istoku postaje svetlije a brodski dimnjak za sobom ostavlja trag, gust i beo. Tanker počinje da usporava i skreće ka pristaništu, na čijim se dokovima njišu dizalice kao sablasti.Atina,grad milionski, još uvek usnuo, iz kojeg se izdiže oblak smoga, deluje grandiozno u svojoj veličini, razasutoj u nedogled.

Stefan je gledao ovaj grad i osećao neizmernu radost a maleni remorker je hitao ka njegovom brodu, poskakujući veselo. Sećao se on ludih noći provoda u Antičkoj prestonici. Zajedno sa svojim društvom, znao je bančiti po raznim noćnim klubovima sa noćnim damama u naručju, koje su im tad pružale nežnost i svoje uzavrelo međunožje. Isto tako je osećao spoj onoga antičkog duha što prožima sadašnjost i orijentalnog mističnog, kao i u ekspanziji zapadnog i materijalnog. Brod je pristajao. Užadima se već kačio za dok, a sidro, ogromno i teško, bljusnulo je u vodu. Jedan policijski auto se nalazio parkiran nedaleko od broda. Neko doviknu Stefana. On se okrete. Bio je to kapetan broda.

- Izvolite, gospodine kapetane – kaza Stefan.

- Slušaj Stefane! – kaza kapetan. – Ne znam o čemu se radi, ali ti moraš odmah u policiju.

- Zašto ja? Pa... - ali ga kapetan prekide

- Za deset minuta sam u kancelariji. Dođi po dozvolu za izlazak.

Nedugo potom, Stefan je sišao sa broda. Prišao mu je policajac, omalen, brkat i namrgođjen. Govorio mu je nešto na nepoznatom stranom jeziku. Ovaj ga nije razumeo. Odgovorio mu je na italijanskom, a policajac je pokazivao na auto. Stefan shvati da treba da uđe u vozilo, i nakon nekakvih pola sata vožnje bili su u kancelariji Interpola. Ispektor koji ga je primio je bio okrenut prema prozoru u tom trenutku. Tad mu on ljubazno pokaza na stolicu, ali potom se uozbilji sedajući i sam za sto. Prelistavao je nešto na stolu, otvarao fioke, čak zvao nekog telefonom i napokon upita Stefana:

- Govorite li engleski?

- Da – odgovori ovaj.

Utom neko zakuca, uđe i preda fasciklu inspektoru. On se udubi u to, a zatim pogleda u Stefana i upita ga:

- Šta znate o Anđeli Viskonti?

Stefan se štrecnu, ali odgovori:

- Koliko sam čuo, ona više nije među živima.

- Da, to je tačno, ukoliko je tačno – kaza inspektor pa upita:

- Koliko dugo ste poznavali Anđelu i da li ste je dobro poznavali?

- Otprilike nekoliko meseci i ne baš toliko dobro – odgovori Stefan.

- Ali, ovo ste vi poslali njoj!? Je li tako?- upita inspektor, dodajući list hartije Stefanu.

On uze. Pažljivo pogleda. Bila je to kopija telegrama.

- Ne! Zapravo da. Mislim, tačno je to što piše – kaza Stefan pomalo zbunjeno i vidno uzbuđen.

- To - da li je tačno ili ne, nije moj posao da utvrdim. Time da li ste vi bili otac ili ne, mogu se pozabaviti nadležni u vašoj zemlji. No, vi ste je ipak poznavali bolje nego što tvrdite. Stoga bi možda mogli ukazati na nekakav trag u vezi s njom – ispriča inspektor Interpola.

- Ne razumem!? Mislite na trag njenog ubice? – odgovori Stefan, pomalo u panici.

- Mislim na trag, gde je ona! – kaza inspektor.

- Ona je sahranjena u svom selu – dodade Stefan.

- Ne, ona nije tamo sahranjena. Pre nekoliko dana je vršena ekshumacija i utvrđeno je tek sada da leš nije Anđelin, već neke druge devojke – objasni inspektor.

Stefan je zgranuto slušao. Nije mogao da veruje.

- Znači li to da je Anđela živa? Ko je ta druga devojka? – upita Stefan.

- Pouzdano se ne zna za Anđelu ni da je živa, niti da je mrtva. Vodi se kao nestala – kaza inspektor proveravajući to u papirima i dodade:

- Za drugu devojku se još ne zna ko je, ali se zna da je neko zakazao u obdukciji.

Nedugo potom, Stefan je bio otpušten iz policijske stanice. Vratio se na brod u svoju kabinu. Pogledao se u ogledalo. Bio je visok, stasit i širokih ramena. Znao je to da je neodoljiv ženama. Crna kao gar kosa, ali kratka i veoma gusta, sa mladežom posred levog obraza i oči detinjaste u doživljaju žena – pružali su sliku idealnog muškarca. Ipak mu se u zenicama ogledao šok. Bio je zbunjen. Pokušavao se prisetiti nečega i to veoma važnog. Šetac se po kabini i kopao po mislima, a to je bilo tu, tako blizu i nadohvat ruke. Leže na krevet, onako obučen. Poče dremati.

Tad bi onaj trenutak kad je svest negde između sna i jave. Poče se gubiti u dubinama spiritualnog sveta, beskonačnog i nestvarnog. Pojavi mu se cvetna poljana, poljana mirisna i rosna. A onda iznenada otvori oči, probudi se. Skoči sa kreveta i zgrabi jedno pisamce sa police. To bi ono što mu je razum saplitalo. Oči su gledale, ali um nije prepoznao. Pismo je stajalo tu više od mesec dana. Nije imalo adresu pošiljaoca. Imalo je pečat pošte iz grada u kom je Anđela studirala. Ipak, intrigiralo ga je i čitajući tekst po ko zna koji put on shvati poruku, tek tad.

Pisalo je čitko:

Žene su ti kao cveće. Ima ih raznih oblika, boja i mirisa. Sve su na svoj način lepe i mile, a tu su da ulepšaju svet. Išao si poljem i našao mlad cvet. Bila je to ruža, pupoljak još neotvoren. Mirisao si je i uživao u njoj, a zatim je zgazio onako pored puta. Ta ruža je začudo opstala. Izrasla je i ojačala. Postala još lepša i dobila bodlje. Sad se mora biti oprezan s njom, jer ubod njen je gorak i boli. Ta ruža je negde pored puta, na tvom putu. Ojačaće i dobiti stablo. Ako je prepoznaješ, nemoj je poželeti. Ako hoćeš više, tad će te zaboleti!

Bela Luna

Stefan odloži pismo na policu i zamisli se. Osmehnu se, a oči mu zasijaše. Tad se jednom rukom uhvati za mesto u predelu šlica. Bilo je nabreknuto i vruće. Imao je jasan zadatak pred sobom.

VIII

- Anđela, probudi se, vreme je! Vreme je da popiješ lek. Udovica si! Moraš da budeš slomljena.

Ona otvori oči. Patricija ju je drmusala i turala joj pod nos neku tekućinu.

- Uf, al' je odvratno! Sta je to? – kaza Anđela, izbečivši oči uz grimasu lica.

- To je radi toga da bi bila tužna i utučena, bar za neko vreme. Koliko traje sahrana i nešto duže – kaza Patricija.

Tad neko zakuca. Doneli su joj doručak. Htela ga je pojesti, al' oseti muku. Skoči iz kreveta i otrča u toalet brže-bolje. Povrati nešto zeleno iz praznog želuca. Nastade bledilo na njenom licu od naprezanja pri povraćanju. Oči su joj se zacrnile kao da je celu noć plakala. Tad nastupi groznica. Tresla se od hladnoće. Počela je i štucati. Patricija istrča iz prostorije. Dozva nekoga. Ubrzo se oko Anđele sakupiše svi. Došao je i doktor koji je već bio u kući. Utom i beba poče plakati, a Patricija je uze u naručje i umiri.

Doktor konstatova da joj se metabolizam poremetio, a što je i normalno u ovakoj prilici. Dade joj lek za smirenje i acisal.

Tog dana posle podne, crne limuzine su se kretale ka groblju. U jednoj od njih se nalazio kovčeg, beo i skup. Venci i cveće oko njega, mnogo uplakanih iza, kao i ucveljena udovica Wanessa, tačnije Anđela. Dok se obavljala ceremonija spuštanja kovčega u zemlju, nju su pridržavali zajedno sa gospođom Gattoni. Jedan čovek, visok i krupan, je prišao gospođi i rukovao se s njom. Tad priđe mladoj udovici u crnini. Ova podiže tananu mrežicu koja joj jej pokrivala lice i tad joj kolena otkazaše, pa se sruši na vlažnu zemlju iza rake. Komadi zemlje počeše padati u rupu i dobošati po kovčegu, a neki priskočiše da podignu ucveljenu jadnicu, te nasta metež i vrisak jedne žene blizu nje. Neznanac odskoči unazad. Izgledao je zbunjeno i u šoku. Sam nije pomogao udovici koja se onesvestila, iako joj je bio najbliži. Osvrtao se unezvereno i u čudu posmatrao ljude u haosu.

Ali, i taj dan prođe!

... .

Neminovnost svega je prolaznost. Prolaznost je vezana za vreme, a vreme leči uglavnom sve. S vremenom rane zaceljuju. Kako telesne, tako i duševne. Dan Niccolove sahrane je prošao i još mnogo dana i meseci nakon njegove smrti. Ljudi su se konsolidovali i preuzeli svoje dužnosti koje su imali do tada. Sve je polako ali sigurno došlo na svoje mesto, kao kockice u mozaiku. Smrt je trenutak u odnosu na život koji traje i u kojem su svi živi učesnici. Učesnici uživaju u životu, ako imaju priliku za to.

Pola godine nakon Niccolove smrti, dve prijateljice su se šetale šumom, u okviru imanja. Uska stazica je vijugala između stabala hrastova. Povele su bebu kolicima i svi zajedno udisali svež vazduh, ranog jesenjeg jutra. Rosa je svetlucala naokolo, a miris šumskog trulog lišća iz kojeg su nicale pečurke, davao je onu vlažnu oporost kiseoniku. Tu i tamo naokolo se mogao videti poneki patuljak u prirodnoj veličini od porcelana. Izgledali su tako uverljivo i nekako u pokretu da se na prvi pogled činilo i kao da su zaista živi. Da bi šumska idila bila još impresivnija, neko se pobrinuo da na jednom proplanku napravi kućicu. Iz nje je kao u bajci izašla i Snežana da dočeka patuljke.

Kućica je napravljena od drvenih trupaca, lepo oblikovanih i ofarbanih u žive boje, gde dominira zelena. S leve i desne strane od vrata su dva mala prozorčeta, uokvirena u drvo tamnobraon boje. Da bi sve bilo kao u priči, i unutar kućice je bilo zeleno s mnogo mašte i ukusa. Veliki sto od masivnog drveta je zauzimao srednji deo unutar jedne jedine prostorije. Na užoj strani sobe su namešteni krevetići za patuljke i to jedan iznad drugog, kao u vozu. Nisu imali neku posebnu funkciju sem da dočaraju detalj iz bajke. Za decu, ako bi se tu našla, predstavljali su izvanrednu metu za pentranje. Kad se otvore malene police, onda je tu kafa i sve ostalo neophodno za izletnike i boravak od nekoliko sati.

Dve prijateljice sedoše na klupicu ispred kućice, ostavivši prethodno bebu pored malenog izvora koji je žuborio. Beba je spavala u svojim kolicima, a tanki mrežasti zastor ju je štitio od oštrog jutarnjeg vazduha i eventualno kakvog insekta koji bi joj poremetio san.

- Ovo je kao u bajci, Anđela! Neverovatno! – kaza Patricija.

- Da, deo iz bajke je prenet u stvarnost a stvarnost zametena – reče Anđela.

Obe su na sebi imale džempere od izuzetno fine vune. Krajevi džempera su dostizali gotovo do kolena, a kopčali se po sredini. Bila su to dva slična modela, ali različitih boja. Prva je imala tamnozeleni, a druga crne boje. Anđela zakopča i ono prvo dugme gotovo do vrata te zavuče ruke u džemper između butina. Tu joj je bilo najtoplije. Malo se strese od hladnoće, te nastavi da priča drugarici:

- Znaš, Patricija, pomalo se plašim. Ne znam da li ovo što radimo, činimo bez greške. Možda se dogodi nešto nepredviđeno?

- Ali zašto se plašiš, Anđela? Niko ne zna ko si. Nemaš razloga za to – dodade Patricija.

- Kako nemam razloga? Sećaš se onog dana na sahrani kad sam se onesvestila?! To je bilo zbog onog čoveka. Tad sam sve shvatila jer sam ga prepoznala. On mene možda nije, ali ko zna?! - reče Anđela.

- Kojeg čoveka?! – upita Patricija začuđeno i pomeri se čak s mesta gde je sedela. – To mi nisi rekla!

- Nisam, jer me nije bilo strah – nastavi Anđela smireno, zureći u krošnje hrastova, bez daška vetra da ih zaljulja.

- A zašto te je sad strah? – upita Patricija.

I sama je bila zabrinuta zbog novog momenta. Anđela primeti da joj se prijateljica zabrinula. Uhvatila je njenu šaku. Patricija zatvori za trenutak oči u blagom prijatnom osećaju koji se širio njenim telom. Anđela nastavi lagano da priča. Iz očiju joj sevahu varnice.

- Sećaš se kad sam bila u bolnici... dok si se brinula o meni, kad sam se počela menjati... Predložila si mi sve ovo, a ja sam lako prihvatila. Ali sam već sama osećala potrebu da budem neko drugi, a ne ono što sam bila. Nekakvo zlo je izviralo iz mene, a ja nisam znala odakle potiče to. Izvire i danas. Želim da se poigravam s ljudima i uživam u tome. To me čini snažnom i uzbuđuje me. Ali, počela sam se plašiti od onoga dana kad sam ugledala tog čoveka. Tad sam shvatila odakle mi je to.

- I sad se želiš promeniti?- upita Patricija.

- Ne želim se promeniti! Postati dobar, znači patiti. Dobrota je odricanje u korist Boga, a on možda i ne postoji – reče Anđela.

- Misliš, onda možda i nagrada izostane, a odricanje bude uzalud - dodade Patricija uz osmeh.

- Da, i ono što mi se dogodilo kad sam izašla iz voza je dodir istine. Ne znam tačno u čiju je korist. Za sada je u moju. Nakon udesa kojeg smo imali Niccolo i ja, meni se to izbrisalo iz pamćenja. Ovih dana sam rešila da ti i to ispričam i zato sam te pozvala u ovu šetnju.

- A šta ti se to dogodilo? – upita Patricija znatiželjno.

- One noći kad sam izašla iz voza železničke stanice i ugledala onu devojku što je posrtala, ja sam je zaogrnula svojom jaknom i otrčala po pomoć – kaza Anđela.

- Da, to znam! I šta je dalje? – nestrpljivo će Patricija.

- Tad sam je potražila, ali ne daleko. Obasjali su me neki farovi i auto se zaustavio pored mene. Muškarac za volanom mi je predložio da uđem, a za divno čudo, pristala sam.

- I ti si samo tako ušla u auto? - dodade Patricija.

- Ušla sam. Drugog izbora baš i nisam imala. Bila sam na ivici nerava i sve- jedno mi je bilo šta će mi se dogoditi. Ionako sam razmišljala da se ubijem – ispriča Anđela.

- Onda ste krenuli? Gde ste pošli? - upita Patricija.

- Tad mi je on rekao da se uskoro vraća u grad, što mi je odgovaralo na neki način. Stvorila sam u glavi neki plan jer kući nisam želela da se vraćam.

- Tad ti je bilo važno da si s nekim a ne sama u nepoznatoj sredini? - dodade Patricija.

- Otprilike tako. On me je ponudio kafom iz termosa. Prijalo mi je pošto je bilo hladno. Ubrzo smo skrenuli na neki sporedan put i htela sam ga pitati gde ćemo, ali počelo mi se strašno spavati i zaspala sam.

- Nešto je bilo u kafi! To te je uspavalo, zar ne?! – kaza Patricija.

Anđela joj nije odgovarala. Nastavila je govoriti sad već uzbuđeno, dok je na momente zatvarala oči i prisećala se:

- Probudila sam se u nekakvoj pećini. Bila je prostrana. Oko mene mnogo ljudi sa svećama. Izvikivali su: Selena, Selena! Probudi se Bela Luno! Osećala sam čudan miris koji je bio neopisivo hladan, ali omamljujući.

- Hladan miris! To prvi put čujem. Ha!!!- doda Patricija u čudu.

- Da, baš tako. I bila sam potpuno gola, ali mi nije smetalo. Uživala sam.

- Toliko ljudi oko tebe i ti potpuno gola?! Zar te nije bio stid, ili možda nešto slično? A gde je bio tip iz auta? – upita Patricija.

- Nisam ga videla. Svi su imali kapuljače. Neko me je mazao nekakvom mašću i osećala sam se kao da lebdim u vazduhu.

- Opa! To je interesantno! – doda Patricija.

- Interesantno tek dolazi! – kaza Anđela, osmehnu se te nastavi:

- Osećala sam želju, silnu želju, da opštim sa samim đavolom!

- Nemoj mi reći da· ti se želja ispunila!? – doda Patricija i nasmeja se glasno i ironično.

- Izgleda da jeste! Bio je tako snažan i trajalo je veoma dugo. Mislila sam da nikad neće prestati, a nisam to ni htela.

- A ovi drugi?! Šta oni! – upita Patricija.

- Ne znam za njih. Svest mi se mutila od miline i uživanja.

- Ipak je došao kraj i tome – dodade Patricija. - Kako je to bilo?

- Na kraju je eksplodiralo u meni kao erupcija vulkana. Lava se razlila matericom i telom. Mislim da mi je otišlo u vene.

- Uf, nije loše! Da li si mu videla lice? – radoznalo će Patricija.

- Da. Bio je to tip koji me je dovezao. Bio je to Niccolo.

Tad dete zaplače. Anđela prekide besedu. Ode do njega i uze ga u ruke. Ono se umiri. Nakon izvesnog vremena, približili su se kući. Kod fontane Patricija stade i zadrža prijateljicu rukom.

- Ali nisi mi rekla šta je sa pravom Wanessom?- kaza ona.

- To ne znam. Nakon svega ja sam sela kod Niccola u auto – reče Anđela.

- Zar se nisi onda pitala kuda ćete i ko je uopšte Niccolo? – upita Patricija.

- Bila sam tako prijatno slomljena da me to i nije zanimalo. Predložio mi je nešto i svidelo mi se. Dao mi je u toku vožnje instrukcije, a ja sam ih zapamtila. Sad je vreme da... – ali, prekide.

Prilazila im je gospođa Gattoni. Bila je raspoložena.

- Kakva je bila šetnja?- upita ona i uze unuka u naručje.

- Izvanredna. Šuma je jutrom puna kiseonika - odgovori Anđela.

- Onda, Snežana i patuljci. Kao da smo boravili u nekom drugom vremenu – dodade Patricija.

- Nije to ništa. Ima još toga da se vidi u šumi, ali drugi put – kaza gospođa Gattoni.

- Kome je nešto ovako palo na pamet? – upita Anđela, dok su se peli uz stepenice.

- Moj bivši muž je znao tako nešto da napravi. Bio je izuzetno maštovit. Ali, šta da se radi? – uzdahnu gospođa Gattoni pa nastavi:

- Hajdemo na kafu svi zajedno.

- Dobra ideja! – kaza Anđela.

- Ja moram presvući maloga! – doda Patricija i uze bebu od gospođe Gattoni, te se pope s njom na sprat.

Anđela i gospođa Gattoni uđoše u prostoriju koja je služila samo za odmor uz kafu i čaj. To je bila omanja soba u prizemlju, nasuprot velike trpezarije, što znači s druge strane hola. Ta prostorija je imala staklena klizeća vrata koja su se spajala sa bibliotekom. Celom prostorijom je dominirala svetloplava boja. Na sredini se nalazio stočić od pletenog pruća a niske udobne fotelje okolo. S plafona se spuštao luster od nizova školjki. Na zidu je bila ogromna slika, ulje na platnu, a prikazivala je borbu jedrenjaka sa talasima.

One naručiše kafu i uskoro su bile uslužene. Anđela je nekoliko trenutaka gledala po prostoriji, ali joj pogled najduže zastade na jedrenjaku. Ona se glasno, ali kratko zakikota. Tad porumene jer to skrete gospođi Gattoni pažnju, te i ona pogleda u sliku. No njoj se ne učini ništa smešno.

- Izvinite, malo sam odlutala – kaza Anđela te dodade:

- Niste mi do sad pričali o svom mužu. Ako vam nije teško, eto, ja sam spremna da vas salušam.

Gospođa Gattoni pogleda nekud u daljinu, srkne gutljaj kafe, pa pošto klimnu nekoliko puta glavom, onako setno, poče pričati:

- Kakva je to ljubav bila! On je bio zanesenjak i čudak. Nisam ga nikad mogla razumeti, ali sam ga baš zato volela. Imao je svoj život i svoj svet. Nije se uklapao u ovaj. Mene nije zapostavljao. Čak naprotiv, izgarao je u pažnji.

- Šta se onda desilo!? – upita Anđela začuđeno.

- Gurala sam ga u pakao biznisa, ali on nije želeo sa mnom. Imao je mnogo i zadovoljavao se time. Ja sam bila željna afirmacije i poslovnog uspeha. Krenula sam sama u vode biznisa i on me je podržavao. Onda se rodio Niccolo i on nas je napustio.

- Zar to nije bio razlog više da baš živite zajedno!? – prekide Anđela njen monolog u još većem čudu.

- Bio bi da je Niccolo njegov! – kaza gospođa Gattoni.

Anđela razrogači oči. Tad joj se zaljulja šoljica s kafom koju je prinela ustima. Ona se pomogne levom rukom i tako uz mnogo napora i nešto sreće, spusti u tacnu, s treskom. Kafa se zatalasala kao ono more na slici, ali ostade u šolji.

Da, Wanessa. Dobro si čula. Bila sam onda mlađa i lepša. Imala sam mnogo kontakata sa ljudima i putovanja. Imala sam udvarače i nisam popustila, jer sam volela svog muža. Ali samo jednom, ni sama ne znam kako, to se dogodilo. Bilo je dovoljno. Moj muž je voleo Niccola kad se rodio, ali meni je bilo teško, jer je on bio pun ljubavi prema meni i verovao mi je. Tako sam mu sve priznala – ispriča gospođa Gattoni.

- A on? Kako je reagovo? – upita Anđela.

- U prvom trenutku ga je to pogodilo, ali se nakon nekoliko dana oporavio i oprostio mi – kaza gospođa Gattoni gledajući negde u stranu, dok joj je knedla zastala u grlu. S teškom mukom je pričala.

- Pa, što vas je onda napustio? – bila je nestrpljiva Anđela.

- Kad je saznao ko je Niccolov otac. Preko toga nije mogao preći i prepisao je meni sve, a on sam otišao da živi u kući svojih roditelja koji su poodavno umrli – ispriča gospođa Gattoni.

- Da li ste se nakon toga videli? Da li je on dolazio ovde ili vi išli kod njega? – bila je radoznala Anđela.

- Ne, ja više nisam imala hrabrosti za to otkad smo se i sudski razveli. Niccolo je išao kod njega nekoliko puta, ali on nije dolazio ovde – kaza gospođa Gattoni.

- Što ga je baš to pogodilo a ne činjenica da Niccolo nije njegov? – upita Anđela.

- Zato što on nije voleo tog mladića. O njemu je imao vrlo loše mišljenje, o njegovom moralu i karakteru uopšte – kaza gospođa.

- Da li i vi delite sada njegovo mišljenje? – nastavi Anđela s pitanjima.

- Nažalost, da. Od tog čoveka je bolje zazirati i s njim nikakva posla ne valja imati. Bila sam naivna. On je bio mangup i uspeo me je prevariti. Nije se punih dvadeset godina pojavio, niti je želeo da vidi sina – kaza gospođa Gattoni, uzdržavajući se da ne zaplače. Došao mu je na sahranu – ispriča i briznu u plač.

- Ali, gospođo, nemojte plakati! – tešila ju je Anđela.

- Da, došao je da mi izjavi saučešće. I tebi isto tako! – kaza gospođa jecajući.

- Molim!!! – kriknu Anđela tako glasno, da gospođa Gattoni momentalno prestade da plače, a sluga dotrča da vidi o čemu se radi.

- Ne znam šta mi bi! Nekad se tako uživim... - poče se pravdati Anđela. Mogla bih da... – htede ustati, ali primeti da joj noge od kolena ka dole baš ne funkcionišu dobro.

- Popiću čašu vode.

- Dete moje! Kopati po prošlosti je kopanje po ranama – poče je tešiti gospođa Gattoni.

To smiri Anđelu. Ona ispi čašu vode. Tad ustade. Nasmeši se i kaza:

- To je bio trenutak slabosti. U svakom slučaju, prijatno je s vama razgovarati ovako uz kafu. Sad bih mogla da idem – kaza Anđela. Osmehnu se i ode.

IX

Jug Italije. Policijska stanica kao i pre godinu i po dana otprilike. Ovog su puta Paolo i Franko zajedno došli kod komandira stanice.

- Gospodo, imam jednu iznenađujuću vest da vam saopštim.

Njih dvojica su se pogledali. Sedoše. Franko pripali cigaru. Ruke su mu se tresle. Paolo koji je uvek bio suv i mršav, sad nakon godinu i po dana od tragedije što ga je zadesila, bio je živi kostur. Život u njemu se klatio. Onako u crnom i pogrbljen je više ličio na gavrana kojeg je kuršum pogodio i koji se praćakne krilom, tek poneki put u izdisanju.

Komandir kad bi siguran da ga oni slušaju, poče govoriti:

- Neprijatno mi je da vam kažem, ali šta je tu je. Čuda se događaju uopšte, pa i kod nas u policiji – kao da se pravdao komandir.

- Recite već jednom šta imate! – požurivao ga je Franko.

- Po nalogu suda i na osnovu vašeg pismenog odobravanja je izvršena ekshumacija i ponovna identifikacija leša devojke sahranjene kao Anđele Viskonti. Nepobitno je utvrđeno da se ne radi o njenom lešu, već o lešu neke druge osobe – ispriča komandir.

- Hoćete reći da tamo nije moja sestra? Gde je moja sestra? Šta vi to radite? – zagrmeo je Franko.

Paolo je samo vrteo glavom i pogledao čas jednoga, a čas drugoga. Pripali i on cigaru, ali ne povuče dim. Pogleda u komandira, a dim mu poče ulaziti u oči. Tad stade žmirkati nervozno, pa ugledavši cigaru među prstima, on povuče dim, dugačak i zreo.

Komandir je nastavljao:

- Radi se najverovatnije o jednoj devojci sa Sicilije. Ne znamo još tačno kojoj, jer niko nije prijavio njen nestanak. Dokumenti, koji su gotovo potpuno izgoreli, i teksas jakna pripadaju vašoj kćeri, odnosno sestri.

- Kako sad to? O čemu se radi? Gde je Anđela? – napokon progovori Paolo.

- Cela stvar je veoma čudna. Već danas izlazi njena slika u novinama kao i poternica.

- Znači li to da je Anđela možda živa? – upita Franko nestrpljivo.

- Znači i ne znači. Ne bih želeo da vam dajem lažnu nadu, niti da vas razočaram – kaza komandir.

Nedugo potom, Franko i Paolo su se vozili putem duž morske obale. Od policijske stanice do njihove kuće im je bio potreban nepun sat vremena. Kamionet kojim je Franko upravljao, služio mu je uglavnom za prodaju ribe i bio je veoma star. Tim vozilom se Franko ponosio, jer ga je još njegov deda, a Paolov tata, kupio. Franko je bio beba kad je deda umro i ostavio kamionet, gotovo nov. Paolo nikada nije naučio da vozi i tajna u opstanku " old timera" je baš u tome. Čitavih četvrt veka taj kamionet je bio zaboravljen u jednoj šupi. Prekrili su ga sem vremena i prašine i sve ostalo što je bilo kome palo na pamet da ubaci tamo. Kada je Franko završio studije prava, on se po dobijanju posla u sudu u Milanu, brzo potom razočarao u sistem, vratio se u selo i na zaprepaščenje svih, počeo se baviti ribarenjem. Tad mu je zatrebalo vozilo. Setio se kamioneta. Izvukao ga i skinuo sa njega prašinu. Akumulator je bio prazan, ali kurblom je upalio iz prve. Onako izbledelog ga je oterao u farbarsku radionicu i ofarbao ponovo u crveno. Bio je kao nov.

- Za sve je kriv onaj mornar! – kaza Franko ocu ljutito, pa pljunu kroz prozor i dodade: - Ubiti ga treba! Ubiti!

- Smiri se, Franko! – tešio ga je otac.

- Čujem da je tu. Opet se vucara ona Mirela s njim! – doda Paolo tiho, ali naglasivši "ona". I lepo sam Anđeli govorio da se batali te kurve! Nije me slušala – uzdisao je Paolo.

Franko mu nije odgovorio. Stigoše kući. Te večeri on ode u ribarenje.

Iste noći je Paolo izašao iz kuće i tumarao okolinom, kao da nije bio potpuno svestan koga traži i šta hoće.

Pušio je mnogo. Jednu za drugom palio i gledao u zvezde. Posmatrao je more, ali nije uživao jer mu se nije uživalo. Odjednom se trže. Požuri natrag u kuću i uze novo kandilo za groblje. Kupio ga je nekoliko dana pre na pijaci i zaboravio na to. Sad mu je palo na pamet i kako ni sam nije znao šta će i kako će, onda mu se u zbrci pojavi ideja da počne od groblja.

Za većinu ljudi i sama pomisao odlaska na počivalište mrtvih usred noći bi bila koliko suluda, toliko i neadekvatno mesto gde bi trebalo bilo šta počinjati jer, tamo se uglavnom sve završava. Istina za Paola, odlazak na groblje noću nije sulud, jer se duhova ne plaši, ne zato što veruje da ih nema već naprotiv, on je baš ubeđen da oni postoje, ali i da su bezopasni ako ih se čovek ne boji. Često je Paolo znao noću da ide na Brunin grob i plakao bi do duboko u noć. Nekada bi razgovarao sa njom ili pričao i plakao u isto vreme i verovao je da ga ona čuje. Zamišljao je kako Bruna, onako lepa i umiljata i večito radosna, sedi pored njega i sluša njegovu bezbroj puta ponovljenu priču, a kada bi pijan dolazio, tad i kako ga kori i govori mu da ne valja to što radi i da će se naljutiti na njega, da neće više dolaziti da sedi pored njega, a on ju je molio da to ne čini i da će se popraviti. Na Anđelinom grobu koji je bio uz Brunin, on nije sedeo i nije pričao. Pokušao je, ali je padao ničice i upadao u tešku krizu. Tad bi se vraćao Bruni i govorio joj, kao kakvom posredniku sve što bi zapravo rekao Anđeli. Verovao je ionako da su njih dve zajedno na onom svetu i to ga je donekle tešilo. Ali, to samo do jedne granice preko koje nije mogao preći. Ako bi pak prešao, onda bi shvatao da su one ipak mrtve i da ih nema više. Tada bi počeo padati u agoniju iz koje bi na kraju ipak odlazio jači, iako slomljen. Zapravo, na neki svojstven način je Paolu to postajao ritual bez kojeg nije mogao, slično kao kad narkoman zapadne u krizu, a potom ubrizga novi spasonosni sadržaj heroina u venu, da bi sve postajalo i opstajalo u začaranom krugu iz kojeg nije bilo izlaza, niti spasa. Tako je Paolo prišao Bruninom grobu i prvo što je pokušavao učiniti je bilo to da upali kandilo. Nekoliko prvih pokušaja je bilo uzalud i počelo ga je nervirati. Duvao je južni vetar, prašnjav i topao. Osećao se miris pustinje i dah proleća.

- Bruno moja! – beše prvo što je rekao Paolo i osvrte se na vetar što dunu jače. Zašušta lišće na okolnom drveću. Učini mu se da ga je ona to pomilovala po kosi. On izvadi iz sakoa, otrcanog i iznošenog, malenu sjajnu kutijicu sa cigarama bez filtera. Ostalo mu je još nekoliko. To ga oneraspoloži, ali on nastavi besediti pošto pripali cigaru nakon što nađe pogodno mesto u mrklom mraku gde će sesti.

- Ja ti dođoh ponovo! Eto, živ sam, a voleo bih da nisam. Sanjao sam te sinoć. Znaš, kao da si mi htela nešto reći i mislim da je to vezano za našu Anđelu! – poče Paolo trljati zgrčenim kažiprstima oči. Suze su nadirale i on poče jecati.

- Ne znam šta je sa našim detetom. Možda ti znaš, ali nemaš načina da mi to kažeš, Bruno. Nakratko Paolo zaćuta i kao da je pokušavao pronaći prave reči, a usne su mu drhtale.

Vetar se jezivo provlačio između grobova i nadgrobnih ploča uz huk i šištanje lišća naokolo, a trava se na momente tako snažno njihala da su se otkidali suvi delovi i semenje koje je letelo svuda i kao strelicama ubadalo Paola po licu. Njemu to nije smetalo i osećao se baš kao nekad dok je Bruna bila živa i kada su se tako tajno sastajali, pa čak i na groblju kad je trebalo.

- Ne znam, Bruno, da li si mi oprostila to što sam bio nedoličan muž, otac?! Bila mi je strast da se kockam i nisam hteo da čujem tvoja upozorenja, ali znam da sam budala. Draga moja, žrtvovala si svoj život zarad naše dece i umesto da ja skočim sa litice, jer sam izgubio kuću na kartama, učinila si to ti!

I umesto odgovora, u mrkloj noći usred groblja, kao da vetar dunu jače. Grana sa obližnjeg drveta se odlomi i u letu koji Paolo nije mogao videti, zakači ga krajičkom po glavi. Istog trenutka se Paolu pojaviše zvezde u glavi i posta svetlije. Svud naokolo su gorele sveće i jasno su se videle humke. U svakoj humci se jasno video pokojnik i svi su sad gledali Paola i pokazivali prstom na njega, a neki su se i smejali. On je takođe bio pokriven zemljom i jasno mu je to bilo, a zemlju nije osećao jer kao da je bila od vazduha. Odnekuda, kao iz magle, priđe mu neko i zabode sveću u njegovu humku i to ga prvo uplaši jer mu se učini da će mu probosti pluća, ali ne bi ništa. I tad taj neko zapali sveću i on oseti momentalno blaženstvo i spokoj koji se ne može opisati rečima ovoga sveta, jer pripadaju nekom drugom svetu. Paolu tad bi jasno šta oseća pokojnik kad mu se upali sveća i on vide mladu ženu pored sebe u beloj dugačkoj i prozirnoj haljini.

- Da li sam ja to gotov, Bruna? – upita je Paolo pošto prepozna svoju ženu, upokojenu, ali večito lepu i vedru.

- Zapalila sam ti sveću, dragi moj Paolo, da bi još dugo živeo i učio se ljubavi! – kaza mu ona, pogleda ga vedro i nestade ponovo u magli.

- Bruna! Stani, ne idi! – vikao je Paolo, a onda otvori oči i ugleda mrak oko sebe i siluete grobova u tami. Shvati da je bio onesvešćen i da je ovo bio samo san! Da li je to baš bio san? Ko zna? Verovatno da jeste.

On požuri sa groblja. Oseti strah po prvi put. U glavi mu se pojaviše slike onog jutra kad se Bruna bacila sa litice. Iste one litice sa koje je pretila roditeljima i ljudima uopšte da su joj namere ozbiljne ako ne ostave Paola na miru. Zatim se zbog Paola zaista i bacila sa stena u more. Čovek iz susednog sela koji je dobio kuću od njega na kocki, saznavši da mu se žena ubila zbog toga, oprostio je Paolu dug i nije ih hteo isterati napolje, jer se i sam plašio prokletstva tog Bruninog čina.

Jadni Paolo je po izlasku sa groblja hteo otići svojoj kući i smiriti se od svega, ali je u zbrci zalutao i pojavio se pred kućnim pragom tek u zoru.

Ta noć je bila vetrovita i nekako topla. Svetionik je u daljini škrto obasjavao okolinu. Dvoje mladih je u autu. On joj otkopčava bluzu, pohotno grabi grudi. Ona jeca i uzdiše. Otkopčava mu farmerke i gura nadole. Nestrpljivo tad grabi za njegovu muškost i pronalazi mu put. Čuje se njen vrisak koji para tišinu i lomi se u ropcu od zadovoljstva. On tada navaljuje joj jače i žešće. Ne prekida. Auto se ljulja u ritmu muzike iz kasetofona, ili pak muzika prekida zbog lošeg kontakta usled ljuljanja. Ona vrišti jer uživa, ako ne glumi. On uranja kao podmornica u dubinu. Veruje da pronalazi dno. Njen krik se prolomi iznenada. Onda i njegov. Umiriše se oboje za trenutak.

- Ja te volim, Stefane! – kaza ona ljubeći ga.

On joj ne odgovori ništa, već je samo pogleda nežno. Mirela se tad izvuče ispod njega i navuče gaćice.

- Gde ćeš! – upita on.

- Da obavim nešto! Znaš već! – kaza ona i udalji se u mrak.

Stefan je ostao da leži u autu. Gledao je u zvezde. Za trenutak iščupa travku i stavi je u usta. Bio je zadovoljan životom. Smeškao se. Učini mu se da dugo nema Mirele. Začu korake, napokon. Približavali su se. On podiže glavu i pogleda u mrak. Okrznu ga nešto čvrsto po glavi. Stefan jauknu od bola, ali dođe k sebi. Podiže se i dobi udarac u grudi. Poče se gušiti. U očajanju shvati da je životu kraj. Nije želeo ovaj trenutak. Hteo je da živi. Da pobegne od smrti. On gurnu suprotna vrata svog kabrioleta i ispade napolje. Puzao je. Grebao po zemlji, a koraci tuđi su se približavali. Htede izustiti nešto, ali ga stiže udarac po leđima. On jauknu bolno i teško. Krv mu prsnu iz usta. Poče se okretati u mestu, odupirući se nogama. Onda opet udarac u glavu i on se umiri.

X

Aldo je obožavao fudbalske utakmice. Onda kad njegov tim igra kod kuće, tad odlazi na stadion da navija. Ako pak igra u gostima i postoji televizijski prenos, on je pored malog ekrana. Pripremio se te večeri baš onako bogovski da navija uz pivo koje je hladio u frižideru i meze od dimljene šunke i kačkavalja. Namestio se udobno u fotelju a noge prebacio preko malenog stočića. Kada su igrači izašli na teren, zazvonio je telefon. Ne!

Nije hteo podići slušalicu. Nije mogao da veruje da je zaboravio da isključi aparat. Ali, neko je bio uporan. I to veoma uporan. I Aldo je bio uporan. Nije podizao slušalicu, koja mu je bila nadohvat ruke. A telefon je zvonio i zvonio. Uvek ista melodija, a utakmica se igra.

- Nek ide do đavola! – prozbori Aldo i diže slušalicu.

- Pa gde si pobogu!? – čulo se iz slušalice.

Aldo se strese. Lice mu poprimi strah.

- Ušao sam... - proguta pljuvačku, što mu zastade u grlu.

- Upravo sam ušao u stan – dodade Aldo.

- Zar ne gledaš utakmicu?! – kaza glas iz slušalice.

- Gledam! Zapravo ne gledam! Gledao bih! - zbuni se Aldo.

- Dobro, Aldo, nakon utakmice dođi odmah do mene. Potreban si mi – kaza glas iz slušalice i prekide.

Aldo spusti slušalicu. Otvori konzervu piva. Ispi gutljaj. To mu se ne učini dovoljno i on ispi pivo na eks.

- Neka se nosi! – kaza ljutito i ustade iz fotelje. Podrignu glasno pa pošto isključi televizor, napusti stan. Nakon pola sata vožnje, auto parkira pored radnje "Foto Sandoza". Gazda ga je čekao. Bilo je upaljeno svetlo u radnji. Aldo požuri. Onako zdepastom mu i nije bilo lako izaći iz auta. Romano Sandoza kad ga ugleda, spusti novine na sto.

- Reci mi, Aldo, gde su slike one devojke, koja nikada nije došla po njih?!

- Koje devojke? Ima ih mnogo – kaza Aldo.

- Ona crnka. Upoznao sam je u vozu. Sećaš se? – reče Sandoza.

- Aha, znam! – uzviknu Aldo. Poče preturati po fiokama. Sandoza ga je pratio pogledom. Ni na kraj pameti mu ne bi palo da slike tamo traži.

- Anđela! Zove se Anđela! – uzviknu Aldo sav srećan. Držao je u ruci nešto, zalepljeno selotejpom. On otkide selotejp. Izvadi slike.

- Daj mi to, Aldo!- upozori ga Romano.

Aldo nerado doturi gazdi slike. Uzdisao je.

- Ona je tako poželjna! – kaza Aldo, gledajući negde u tačku gde se sastavljaju dva zida i plafon.

- Već je krajnje vreme da nađeš kakvu devojku! – kaza Sandoza, dok je upoređivao slike sa nečim u novinama.

- Kakvu devojku? Koja će mene ovakvog malog i zdepastog!? Čim me ugleda, svaka se uplaši – jadao se Aldo.

- Ti joj dokaži da nije sve u lepoti – reče Sandoza.

- Jeste. Kad bih imao priliku za to. Isto je kao u fudbalu. Za dati gol, moraš imati šansu. Ako nema prilike, nema ni gola! – kaza Aldo.

Sandozu ova konstatacija za trenutak omete. On usredsredi pažnju na Alda, te će:

- Šta je kad joj uđeš u šesnaesterac?

- Tad si joj savladao uglavnom odbranu i šanse da joj daš gol su veće – odgovori Aldo, zadovoljno i sam srećan što je gazda obratio uopšte pažnju na njegovu filozofiju o ženama.

- Ja bih joj radije tukao penale – kaza gazda.

- Ni onda nije sigurno da ćete je pocepati! – odgovori mu pomoćnik.

- Koga? – upitno će Sandoza.

- Pa mrežu! – doda Aldo.

Sandoza zavrte očima. Poče opet gledati slike. Zadrža se na jednoj. Bila je to Anđela u krupnom planu. Na sebi je nosila roze majicu, potpuno mokru, i bele gaćice. One su se samo nazirale ispod majice. Majica se zalepila za telo. Na sebi nije imala grudnjak i bradavice su se jasno isticale kao dva zrna grožđa, usmerena ka nebu. Deo gaćica ispod majice je bio nabreknut kao breskva, zrela i sočna.

- Šta je onda masturbacija, po tebi? – upita Romano svog pomoćnika znatiželjno.

- To vam je kao na treningu. Igrate i dajete golove ali nema rezultata.

Sandoza je otvorio svoju tašnu. U nju je smestio novine i slike. Bio je zadovoljan. Smeškao se. Pokaza Aldu da može ići. Sam ugasi svetlo i zaključa radnju.

Te noći je još dugo gorelo svetlo u sobi iznad fotografske radnje. Aldo se takođe ubrzo vratio u svoj stan. Hteo je da spava. Leže u krevet ugasivši svetlo prethodno. Umiri se. Prođe izvesno vreme, ali ništa. On se okrete na jednu stranu pa na drugu. Tad upali svetlo. Svuče jorgan. Bi mu jasno da misli na Anđelu. Imao je dva izbora: trening ili pravu utakmicu.

- Hajde, upadaj! – kaza joj.

Igra je bila nepotrebna. Tučeni su penali.

XI

Čovekov duh je neograničen u prostoru i vremenu. Beba kada se rodi, ugleda prvo svetlost. Ćelije se množe iz dana u dan, iz godine u godinu. Dete raste, postaje čovek, a onda još u mlađoj dobi, te iste ćelije počinju da odumiru. Svakim danom na milione istih nestaje, a bore se pojavljuju negde u srednjoj dobi. Kasnije dolazi starost, a bore postaju sve očiglednije. Koža, nekada glatka, postaje odvratno smežurana. Glava i telo gube sklad koji su imali u mladosti. Nestaje lepota i privlačnost u starosti. Da li se slično događa sa svemirom?

U početku, milijardama godina unazad je ličio na embrion deteta u materici. Tad je usledio veliki prasak. Svemir se rodio. Počeo je da se širi, da raste. I svakim danom je on sve veći, ali i milioni zvezda se gase. Logično je da nešto što gori, mora i da izgori. Shodno tome i svemir mora umreti. Koliko puta je masa celog svemira veća od mase čoveka, toliko puta je vreme trajanja istog veće od trajanja čoveka.

Čovek poseduje višedimenzionalnu svest. Svest je udahnut duh u organizmu što čini život. Mozak je komandna tabla preko koje nematerijalni duh komanduje materijalom, odnosno organizmom. Duh se uči i kali kroz život. Kroz borbu i patnju u njemu se lomi dobro i zlo. Ako postoji evolucija čoveka kao organizma, onda postoji i evolucija duha. To je definitivna stvar, imajući u vidu da je globalna svest čovečanstva evoluirala u odnosu na svest praljudi.

Smisao života na zemlji je evolucija razuma. Smisao života svih nebrojenih civilizacija u kosmosu sa našom je evolucija univerzalnog razuma. Univerzalni razum je duh koji prožima ceo kosmos a čiji smo mi sastavni deo. Ako se izvede zaključak da je jedna jedina živa jedinka u odnosu na svemir nemerljivo mala, pa iz toga proporcionalno uporedimo svest jedinke sa svešću univerzalnog razuma, dobićemo ogromnu razliku. Univerzalni razum je ono što mi zovemo Bogom, a razlika je ono što nas deli od njega, odnosno koliko je on veći od nas.

Jednom tamo u dalekoj budućnosti, što svest čoveka ne može ni sagledati, sve zvezde će se ugasiti do poslednje. Ostaće samo posmrtni ostaci svemira, koji to više neće ni biti. Slično čoveku kada umre, a njegovi ostaci ga ne čine više čovekom.

Univerzalni razum će nadživeti kosmos, jer duh ne umire nikada. Sve jedan razum u svemiru je nota u simfoniji što čini Boga. I Bog evoluira, a bez materije nema evolucije svesti. Stvoriće novi embrion sa šifrom DNK u sebi. Ta šifra je mnogo komplikovanija od šifre jednog čoveka, jer je kosmička šifra. U embrion će udahnuti sebe i dati mu život. Zatim prasak i svemir počinje kao beba.

Sve iznova ko zna koji put i po istom principu za sve. Iz svakog kosmičkog života univerzalnog razuma i simfonija koja ga čini je skladnija i savršenija. Negde na kraju, u još daljoj budućnosti, je cilj ka kojem se stremi. To je apsolutna ljubav. Apsolutno dobro. To je raj. Da bi ljudska jedinka u običnom životu stremila ka dobru i ljubavi, postoji savest Ona upozorava, ali diskretno, ne napadno. Svest je taj anđeo čuvar. Čuvar duše, a ne tela. Svest nagriza polako, a stiže kao pijanstvo od vina. Tek "nakon" ispijene čaše. Tako je korisno, jer daje zapravo da ličnost sama odluči u kom će pravcu ići. Sve drugo je diktatura a evolucija duha ne trpi prisilu.

Ispit savesti! Šta je to?

. . .

Agent osiguravajućeg društva je pristigao na imanje Gattonijevih. Parkirao je auto u hlad ispod jednog velikog drveta, čija je krošnja na pojedinim mestima čak dodirivala tlo. Bilo je pre podne i sunce je upeklo svom žestinom. Vetrić je davao malo utehe, a u daljini se čula muzika. U gradu se nešto slavilo.

Agent je prišao fontani koja mu se učini zanimljivom i zastade tu na časak. Kao da je oklevao da uđe u kuću, ili se stvarao takav utisak. Neko otvori ulazna vrata i on požuri. Štofane crne pantaone i bela košulja sa kravatom uz akt tašnu takođe crne boje, davale su zvaničnost poseti.

- Da li je spremna mlada gospođa Gattoni? – upita agent slugu.

- Mislim da jeste, gospodine. Sad ću je pozvati. Vi se možete raskomotiti u ovoj prostoriji – kaza sluga i uputi ga u prostoriju za čaj.

U isto vreme gore na spratu, Patricija je savetovala Anđelu:

- Budi smirena. Veruj u ono što pričaš.

- Kad bi se ovo moglo bar preskočiti! – doda Anđela i izađe iz sobe.

Ugledavši je, agent osiguravajućeg društva je skočio na noge. Rukovao se sa njom uz naklon a profesionalni osmeh mu nije silazio sa lica. On je bio nešto nižeg rasta od nje i elegantan, ne stariji od tridesetak godina. Ona vitka i crnokosa. Nosila je crni komplet uz telo, ali tanak, letnji i prozračan. Bledilo na licu, a oči još sanjive, imale su dejstvo kontrasta u odnosu na nju samu. Agent otvori tašnu na stolu i izvadi već pripremljene papire.

- Uz moje iskreno saučešće da pređemo ipak na stvar, a u vezi sa smrću vašeg muža i dela osiguranja koje pripada vama.

- Da li ste razgovarali sa gospođom Gattoni, Niccolovom majkom u vezi s tim? – upita Anđela.

- Razgovarali smo sa njom. Bila je kod nas u kancelariji i saglasila se da vama lično pripadne pola sume od osiguranja, što je u svakom slučaju još uvek velika suma – odgovori agent.

- Ako mislite da me bilo kakav novac može utešiti, onda se varate – dodade Anđela glasno i zadrža pogled pravo u oči agentu.

To ga malo zbuni, ali se pribra, jer došao je da daje, a ne da uzima. Nešto pocrvene u licu, ali nastavi:

- Svakako, mlada gospođo. Razumem vas potpuno. Vi ste izgubili supruga i njega vam ne možemo vratiti. Pare vam mogu poslužiti samo da lakše zacelite rane – dodade agent.

U holu se pojavi gospođa Gattoni i pogleda upitno u slugu.

- Agent osiguravajućeg društva je sa mladom gospođom – odgovori on tiho.

- Ne mogu! Ne želim taj novac! – čula se Anđela.

Gospođa Gattoni požuri u prostoriju odakle se čula galama. Vide Anđelu kako se razdražila, i to prvi put od kako je u njenoj kući. Iz očiju su joj se nazirale suze. Gospođa joj priđe iza leđa i obema rukama je zagrli.

- Smiri se, Wanessa! Sve će biti dobro – kaza joj tiho.

Agent je gledao dole. Nije se želeo mešati. To mu je nalagalo iskustvo. Slične scene je već imao do tada, mada uglavnom zbog visine sume obeštećenja, koje bi se stranci učinile nedovoljnom.

- Izvolite se potpisati ovde! – kaza agent pružajući Anđeli neki formular na kom je bio zakačen ček.

Ova pogleda to. Suma je bila velika.

- Oh! Ja zapravo! To je mnogo para! – mucala je Anđela. – Uzmite to vi! – kaza i pogleda u gospođu Gattoni.

- Ne Wanessa! To je tvoje i s tim parama ćeš podizati mog unuka.

Anđela pogleda agenta. Ovaj je sada nju gledao direktno u oči. Ona pogleda tad u ček pred sobom. Malo se zamisli. Uze već pripremljenu hemijsku olovku na stolu i potpisa formular.

- Završimo i ovo – kaza agent zadovoljno i zatvori tašnu.

Gospođa Gattoni ga je ispratila do auta. Anđela se vratila u sobu. Patricija je pogleda upitno.

- Sve je u redu, Patricija! – kaza Anđela i priđe joj. Privukla ju je tada snažno i zagrlila.

XII

Policijski auto je naglo zakočio. Ispred je stajala devojka.

- Pobogu, šta je ovo!? – kaza policajac suvozaču.

- Gola je! – reče drugi.

Oni izađoše iz vozila. Prihvatiše je. Ona je bila sva izgrebana od šiblja i izranjavana po nogama. Kao da je trčala i padala. Modrice su bile očigledne, a lice prljavo. Jedan policajac skide svoj sako i ogrte je.

- Šta se desilo?! Kako se zoveš?! – upita je vozač.

- Zovem se Mirela. Ja sam pobegla! - govorila je vidno uplašena.

- Od koga si pobegla? Smiri se! – govorio joj je policajac suvozač, dok ju je namestio na zadnje sedište.

Oni kretoše uz rotaciona svetla i sirenu.

- Neko je ubio Stefana! I mene je hteo. Ja sam bežala – progovori opet Mirela.

- Šta to pričaš? Što ne reče odmah?! – viknu jedan policajac.

- Gde? – viknu drugi.

- Tamo na steni iznad mora! – kaza Mirela i pokaza rukom.

Tog popodneva je gomila policajaca pretraživala šumu. Psi tragači su njuškali teren, a ronioci pretraživali more uz obalu.

- Kakvim predmetom je ubijen? – upita inspektor na slučaju, jednog od policajaca koji su stavljali Stefanovo unakaženo telo u vreću.

- Izgleda da je metalna šipka. Možda pajser za točkove od kamiona – odgovoriše oni.

- Ronioci su pronašli nešto! – doviknu mlađi inspektor.

Svi požuriše u tom pravcu. Na nekoliko stotina metara od mesta zločina, jedan od ronilaca je nosio šipku. Bio je to zaista pajser. Težak i zaoštren.

- Ponesite ga na ispitivanje i da se otkrije kome je pripadao! – naređivao je glavni inspektor.

- Ove pare smo pronašli kod ubijenog. Izgleda da motiv nije pljačka – kaza mlađi inspektor.

- Da li ima osumnjičenih? I da li je devojka spremna za davanje iskaza? – upita glavni inspektor pomoćnika dok su se kretali prema kolima kroz šipražje.

- Prikupljamo već sve podatke. Iskazi meštana će biti gotovi još u toku dana, a osumnjičeni privedeni danas posle podne – kaza mlađi inspektor.

- A devojka? – podseti ga glavni inspektor.

- Iz bolnice su nam javili da cura može govoriti – reče mlađi inspektor.

Oni krenuše. Do bolnice je bio potreban nepun sat vožnje.

- Da li se Stefan svađao sa nekim. I gde mu se sad nalazi brod? – upita glavni inspektor.

- Brod je ukotvljen u matičnoj luci, a policija iz tog grada je obaveštena i njegove stvari će biti donesene na uvid. Tu i tamo se on znao i posvađati s nekim – kaza mlađi inspektor.

- Da li se tukao? – upita glavni.

- To ćemo saznati iz iskaza meštana već danas, sutra. Ali, poznat je sudski izveštaj između njega i nekog mladića koji je radio kao konobar u jednom kafiću – reče mlađi inspektor.

Auto se približavao bolnici i mlađi inspektor požuri da isprica šta zna. Očigledno je bio na visini zadatka i svoj posao pomoćnika na slučaju je obavljao vrlo efikasno.

- Stefan je bio veliki ženskaroš, a nije izgleda prezao od toga da li je neka slobodna ili udata. Pre tri godine je imao navodno neku aferu sa ženom dotičnog konobara. Taj je doznao i posumnjao nešto, te su se posvađali. Prema izveštaju, konobar je izvadio pištolj prema Stefanu, ali ga je ovaj spretno izbio njemu iz ruku. Tad je konobar izvadio deblji kraj. Ovaj mu je polomio obe ruke i naneo teške telesne povrede za ceo život. Stefan je pušten nakon tri meseca iz zatvora, jer je na sudu dokazano da je bilo u samoodbrani – to isprica mlađi inspektor.

Auto je stigao u bolnicu. Oni su krenuli ka sobi gde je ležala Mirela.

- Mislim da je Stefan prekoračio nužnu odbranu – kaza glavni inspektor, dok su se peli stepenicama.

- Da, to i ja smatram, ali ko zna. Možda je potkupljen neko od svedoka. Stefan je imao dosta para – kaza drugi.

- Privedite i tog konobara! – reče glavni inspektor.

Oni uđoše kod Mirele. Pred vratima je stajao policajac. Ona je sedela u krevetu i pila sok od pomorandže, preko slamčice. Nije već poodavno imala kike. Kosa joj je bila sa šiškama na čelu i tek blago dodirivala ramena. Tako je izgledala izazovnije, ali i otmenije. Pored nje, na stolici je sedela njena majka, zabrinuta za ćerku jedinicu. Ona je još uvek, iako u godinama, dobro izgledala. Inspektori zamoliše ženu da izađe, što ova i učini.

Mlađi inspektor sede na slobodnu stolicu nedaleko od Mirele, dok je stariji šetao po prostoriji.

- Kako se osećaš? – upita je on.

- Dobro mi je sada – kaza ona.

- Dakle, Mirela, bila si svedok ubistva? Kako je to bilo? – upita je glavni inspektor.

Mlađi je samo posmatrao devojku.

- Stefan i ja smo sinoć otišli autom na stenu do mora. Tu obično izlazimo. – kaza Mirela.

- I vodili ste ljubav?! – prekide je inspektor.

Mirela pocrvene. Bilo joj je nezgodno.

- Da – odgovori.

- Pretpostavljaš da vas je neko posmatrao? – upita mlađi inspektor.

- Verovatno da jeste. Ne znam to! – odgovori ona.

- Da li je tad prišao ubica i počeo udarati po Stefanu i tebi? – upita glavni inspektor.

- Ne, ja nisam bila u autu, ali dozvolite mi da ispričam! – kaza ona nervozno.

- Gde si bila? – upita mlađi.

- Otišla sam... Malo mi je neugodno da kažem. Piškila sam. – kaza ona odlučno.

- Aha! I to se mora. Zatim? – upita glavni inspektor.

- Otišla sam malo dalje u mrak. Dok sam tamo bila, a već znate zašto, neko se prikrao Stefanu i to se dogodilo.

- A ti? Da li si išta videla ili čula? – upita glavni inspektor.

- Zar tebe ubica nije primetio? – upita drugi.

- Primetio me je kad sam se već vratila a on je udarao Stefana. Imao je masku na glavi i iznenadio se kad me je ugledao. Uplašila sam se i od straha nisam mogla vrisnuti, ali sam bežala – ispriča ona.

- Da li te je on jurio? – upita mlađi inspektor.

- Jeste! To sigurno. Čula sam ga kako trči za mnom – kaza ona.

- I kako si se spasla? – upita glavni inspektor.

- Saplela sam se o granu i otkotrljala se niz padinu. Tu su bila dva velika kamena. Uvukla sam se u šupljinu između i pritajila. Bio je mrkli mrak. Čula sam kako me taj traži. I otišao je. Nisam smela izaći do jutra. Kad je svanulo, izašla sam iz skrovišta i sišla do puta – ispriča Mirela.

- Tad je naišao policijski auto i ti si istrčala ispred? – kaza glavni inspektor.

- Da, upravo tako – odgovori Mirela.

- Volela si Stefana, zar ne? – upita glavni inspektor.

- Jesam. Bila sam mu devojka – odgovori Mirela.

- Da li te je varao? – upita mlađi inspektor.

- Ne znam. Možda jeste – odgovori ona.

- Jeste ili nije? – upita glavni inspektor.

- Jeste – odgovori ona, pogledavši čas jednog, a čas drugog i to nekoliko puta, dok su ovi ćutali.

- Da li te je to povredilo? – upita stariji inspektor.

- Nije! Zapravo, malo jeste, ali sam ga prihvatila kao takvoga. Znala sam da ne može biti samo moj, ali dok je sa mnom, onda je pripadao meni – odgovori ona.

- Da li ti je davao pare? – upita mlađi inspektor.

- Davao mi je pare, ali nisam bila s njim zbog para! - odgovori Mirela, već pomalo ljutito.

- U redu! Izvini! A da li znaš s kojom je još izlazio? – upita mlađi inspektor.

Mirela se zamisli. Dodirnu čelo vrhovima prstiju desne ruke. Zatvorila je oči. Onda naglo pogleda u inspektore.

- Zar moram da vam kažem? Tako mi je neugodno! Ne mogu! – pravdala se.

- Sve moramo znati da bismo ušli u trag ubici – kaza glavni inspektor.

Mirela se zagleda kroz zatvoreni prozor. Videla je nebo. Plavo i vedro. Jedna suza pojavi se iz oka. Zaustavi se na jabučici. Mirela uzdahnu.

- Volela sam je mnogo. Bile smo prijateljice. Najbolje prijateljice. Poveravale smo se jedna drugoj. Znala sam sve njene tajne i ona moje. Delile smo i odeću.

Tad je... tad... – Mirela poče jecati. Suze krenuše potokom.

Glavni inspektor pogleda okolo i vide jednu gazu. Doda je Mireli. Ova stade brisati suze. To potraja duže, a inspektori se počeše pogledavati.

Napokon devojka nastavi:

- Onda je upoznala Stefana i njih dvoje su krenuli.

- Zar te nije to povredilo? Ipak, sa najboljom drugaricom?! – dodade jedan od inspektora.

- Povredilo me je to što sam znala da on nema ozbiljne namere s njom.

- Kako si to znala? – upita jedan inspektor.

- Bio je iskren prema meni, a to sam poštovala. Jednom mi je priznao da je kao mali imao zauške i da ne može imati potomstvo. Iz tog razloga nije razmišljao o braku, ni sa Anđelom.

- Zar Anđela nije zatrudnela baš sa Stefanom? – upita glavni inspektor.

- To svi misle. I Anđela je mislila, jer sam dobila njeno pismo i uverila se u to – kaza Mirela.

- Kakvo pismo? – upita glavni inspektor iznenađeno.

- Imam još uvek to pismo. Mogu vam ga pokazati ako budete hteli. Na osnovu nečije pogrešne sugestije i zakasnele menstruacije, ona je zaključila da je u drugom stanju. Njen ujak i ujna su to nekako saznali, ni sama ne znam kako, i izbacili praktično Anđelu iz kuće. Ona se plašila da se vrati i dogodilo se to što već znate.

- Da li si ti preduzela nešto? S obzirom da si znala istinu? – upita je mlađi inspektor.

- Poslala sam joj odmah pismo da je razuverim, ipak, bilo je kasno! Pismo mi se vratilo neotvoreno jer nje više nije bilo tamo da ga primi. Ubrzo smo saznali da je ubijena – ispriča Mirela.

- Znaš li da Anđela nije sahranjena tamo gde misliš da jeste?! – kaza joj jedan inspektor.

- Ne razumem?! Šta hoćete da kažete? – upita Mirela inspektora, a na licu joj se ogledao šok.

- Hoću reći da je neka druga devojka sahranjena pod njenim imenom. Gde je Anđela, to još ne znamo.

- Oh, jadnica! Ko zna šta se s njom dogodilo? Ne mogu da verujem u to što pričate! Zar je možda živa? – upita Mirela inspektore.

- Ne znamo! – odgovoriše inspektori uglas.

To kazaše i izađoše van. Uskoro već, oni su se približivali policijskoj stanici. Parkirali su auto i prišao im je jedan mlad policajac.

- Gospodine inspektore! Otkrili smo kome je pripadala ona gvozdena šipka.

- Kome? Reci! – kaza inspektor nestrpljivo.

- Franku Viskontiju, tačnije njegovom kamionetu.

- Dovedite mi ga odmah! – naredi inspektor.

XIII

Zvonce zafijuka na ulaznim vratima kuće Gattonijevih. Anđela koja je upravo večerala, bila je tad najbliža vratima. Ona krete da ih otvori i ču slugu iza sebe:

- To je sigurno gospodin što se najavio danas.

Ona ih otvori. Na pragu je stajao Aldo. Anđelu kao da ošinu hladan vetar, a bilo je toplo letnje veče. U želucu je preseče nešto i poče se penjati u glavu poput zmije. Aldo ispusti podeblji koverat od iznenađenja i saže se da ga podigne. To isto učini i Anđela, te se sudariše glavama. I on i ona se povratiše od bola. Aldo progovori:

- Ovo je za vas. Izvinite, malo sam nespretan.

- Šta je to za mene? – upita Anđela, uzimajući pošiljku.

- Vaše slike! – dodade Aldo.

- Molim?! Šta! – kaza Anđela i pročita na koverti – Wanessa Gattoni.

- Nešto je za tebe? – ču se gospođa Gattoni.

Ona se pela baš uz stepenice i htede se vratiti da vidi u čemu je stvar. Tad Aldo pogleda Anđelu pa gospođu Gattoni. Bio je zbunjen i delovao je uplašeno.

Ah, da! Setila sam se. Ništa ne brinite, gospođo! – kaza Anđela i odmahnu rukom.

- To gospođu Gattoni uveri da je sve u redu i ona nastavi svojim putem. Aldo je nemo posmatrao scenu ne usudivši se da progovori bilo šta. Tad se Anđela i njemu osmehnu i kaza:

- Hvala ti mnogo... – i ugrize se za usnu. - Kako se ono zoveš?

- Aldo! – dodade on.

- Uf, zaboravila sam. Izvini, Aldo. – kaza ona i krete za njim niz stepenice.

Njemu se učini to kao počast i osmeh mu nije silazio sa usta. Nakon poslednjeg stepenika on pogleda opet u nju i očekivao je osmeh na njenom licu. Anđela ga je gledala. Bila je ozbiljna. U očima se ogledalo nešto što je Aldo u trenu shvatio.

- Ja... U stvari ne znam ništa! – poče se pravdati, dok mu je nekakva jeza prolazila telom.

Malčice vetar dunu i podiže mu belu majicu na leđima. Hladnoća mu prođe kičmom. On požuri prema autu. Osvrte se. Anđela ga je još uvek posmatrala. Mrak je već pao i on uključi farove koji obasjaše nju. Ona se tad okrete i poče peti uz stepenice. Aldo krete u njenom pravcu i obasjaše je duže no što je trebalo. Ona to oseti i naglo se okrete. On tad smota volan i nestade u šumi. S prozora ih je posmatrala Patricija. Kad Aldo zamače u šumu, ona se skloni s prozora.

- Pošto se Anđela pope u svoju sobu i uze malog koji je sedeo u krevecu i igrao se dok mu je dadilja pripremala kašicu, ona zaleže na svoj krevet i otvori pošiljku.

- Šta je to, Anđela? – upita je prijateljica.

- Samo da vidim – dodade ova zamišljeno, dok je razmotala pismo i spremala se da ga pročita. Slike je razasula po krevetu. Prepoznala ih je. Patricija priđe, ali se odmah vrati detetu. Nije smela da je uznemiri. Videlo se to očigledno. Anđela ustade, priđe prozoru. Naglo se okrete. Gledala je prijateljicu.

- Šta sad da radimo? Je li? Imaš li ideju? - upita je. Stezala je zube. Bila je besna. Kao da je htela da ujede.

Patricija poblede. Nije videla takvu prijateljicu do sada.

- Ne znam o čemu se radi – napokon progovori Patricija. Drhtala je. Osećala je strah od nje, kao i od onoga šta će uslediti.

- Prokletnik! Ne zna on na koga se namerio! – siktala je Anđela. U ruci je gužvala pisamce, a tad ga kao smotuljak baci Patriciji. Ova ga spretno uhvati. Razmota ga. Poluglasno je čitala, a pri tom na momente pogledavala Anđelu.

- To je onaj čovek sa sahrane! – kaza Patricija.

- Da i on je eto ushićen, što me je napokon pronašao, kako bi mi isporučio slike. Čak su i gratis – odgovori Anđela, osmehnuvši se cinički, dajući do znanja sagovorniku da poklonik nešto smera.

- Možda hoće da te ucenjuje! Sigurno je to, čim hoće da te vidi! – odgovori Patricija, pogledavši na brzinu sat.

- Nešto moram smisliti. Ali, šta? Otići ću sutra kod njega – kaza Anđela. Bila je zamišljena. Pogledala je na sve strane. Kao da će tako naći izlaz. Utom osmotri prijateljicu.

- Nestrpljiva si. Vidim to. Idi slobodno na to slavlje – reče Anđela pomalo zapovednički.

- Trebalo bi da idem. To su mi prijatelji s posla. Znam da sam i tebi potrebna – pravdala se Patricija.

- Ne brini ništa. Samo ti idi i ne vraćaj se do jutra ako ne moraš. Uostalom, skoro si ostala nekoliko dana i nikakvih problema nije bilo.

Patricija shvati u momentu na šta se to odnosi. Nasmeši se i ona, pa na trenutak pogleda prijateljicu direktno u oči. Razumele su se. Anđela ostade sama. I ona htede izaći, ali shvati da ne može. Baš kada bi zaista i htela, ona bi mogla ostaviti maloga na čuvanje najmlađoj sluškinji. To se dešavalo nekoliko puta, kad je s Patricijom izlazila u grad. Anđela je ugasila svetlo. Svukla se. Bila je potpuno gola i prišla je prozoru. Nebo je zvezdano i šuma mračna, a farovi u odlasku su izbijali kroz krošnje u nebo.

Razmišljala je. Svesna je bila opasnosti i ne toliko svesna da dodiruje bradavice na dojci. Tek se nazirao jedan špic polumeseca. Nestajao je polako i očigledno za šumom. Njena ruka se spuštala preko stomaka lagano do žbuna. On je bio vlažan i gust. Iz malenog otvora je vlažilo još više. Ona ga prstom zatvori. Trljala je klitoris. Ne izdrža tu kod prozora i doskoči na krevet. Jorgan joj zasmeta i ona ga nogama odgurnu. On padne na pod onako lagan i mekan. Glavu je zabacila duboko u jastuk. Jecala je tiho zatvorenih očiju a zubima grizla usnu. Već je postelja ispod nje bila mokra. Slast je curila, čežnjivo i lepljivo. Tad se zbi erupcija. Lava izli iz utrobe. Ona zajeca nakratko i prekide. Okrete se na stranu i zaspa ko odojče.

XIV

Franko, Anđelin brat, nije imao alibi za tu noć kad je ubijen Stefan. Policijski inspektor ga je već dva dana saslušavao. Te noći kad se dogodio zločin, Franko je otišao na ribarenje, ali nisu isplovili. Vetar je bio nešto jači i sumnjali su na nevreme. Ostala mu je cela noć na raspolaganju, a uz to i njegov je pajser od kamioneta s kojim je raskomadan Stefan.

- Nisam ga ja ubio, ali čestitam onome ko jeste! – kaza Franko inspektoru, već vidno izmoren od ispitivanja.

- Franko! Sve ukazuje da si ti. Priznaj i da se nagodimo. Dobićeš manje godina jer svi znamo koliko si kivan na njega – odgovori mu inspektor već i sam izmožden od ispitivanja.

- Ali ja nisam i ne mogu priznati neistinu! Pogotovo ako se tiče moje kože. Zar mislite da bih bio toliko naivan pa da sopstvenim alatom ubijem tog smrada? – kaza Franko.

Inspektor ga je gledao. Franko mu je delovao kao neko ko govori istinu i izgledao je pošten. Našli su čak i njegove otiske na alatki, ali u nečemu inspektor nije bio siguran.

- Kad si to izgubio pajser, kao što pričaš? – upita ga inspektor po ko zna koji put.

Franko je pokušavao da kaže, ali nije mogao. Lomio se u sebi. Hteo je reći, ali zastade. Izusti opet ali stade.

- Šta je Franko? Možeš li se setiti gde si ostavio pajser ili ne? Nemam još mnogo strpljenja! – uzviknu strogo inspektor.

- To vam ne mogu reći! – odgovori Franko unezvereno.

- To je važno! To je bitno! To će te zakopati ili izvući, Franko! – kaza inspektor.

Franko je prevrtao očima.

- Pobogu šta sam uradio?! – ječao je gotovo Franko. Uhvatio se za glavu, prekrivši oči šakama.

- Ipak si ga ubio!? – dodade inspektor.

- Nisam, nisam! Razumite da nisam! – vikao je Franko u panici.

- Onda govori! Ima nešto što kriješ! – nestrpljivo će policajac.

Franko se umiri. Izgubio je snagu. Sav je bio u znoju. Sklopi oči na trenutak. Konsolidovao je misli. Nije imao kud.

- Tamo na onoj steni sam izgubio pajser – odgovori Franko. Nije gledao inspektora u oči.

- Na kojoj steni? – iznenađeno će inspektor.

- Na onoj gde je ubijen skot! – kaza Franko.

- Sad smo opet na početku – prevrte očima inspektor i uzdahnu duboko.

- Pre sedam dana sam ja bio tamo i probušila mi se guma. Tad sam upotrebio pajser. Odložio sam ga uz jedan kamen i tako zaboravio – kaza Franko.

- Šta si radio tamo? – upita ga inspektor, nervozno.

Nastade šutnja. Franko je opet sakupljao snagu da izusti.

- Ne. Nemojte samo reći mojoj Beatrise! – kaza molećivo.

Inspektor ga je gledao širom otvorenih očiju. Nije mogao poverovati. Stade se smejati. Naglo se uozbilji.

- Dajem reč! – kaza on.

- Bio sam tamo sa jednom curom! – kaza Franko, gledajući pri tom u penkalo na stolu.

To penkalo baš uze inspektor i poče kucati po podsetniku. Očigledno dajući do znanja Franku da nije potpun odgovor.

- To je bila Mirela! – kaza on pogledavši odlučno inspektora u oči.

- Mirela! – zabezeknuto će inspektor. – Zar joj je tamo ordinacija?

Franko ne odgovori ništa. Gledao je negde u stranu. Tad neko zakuca. Otvoriše se vrata. Uđe mlađi inspektor.

- Stigle su stvari iz luke – kaza.

- Dobro - odgovori glavni inspektor, a zatim pogleda u Franka. Gladio je bradu i premišljao se. Merio ga je od glave do pete te nastavi:

- Možeš ići, Franko! Ne bi trebalo da te pustim, ali mi intuicija govori suprotno. Javljaćeš mi se svakodnevno do daljega – reče i pokaza rukom da je slobodan.

Glavni inspektor je bio čovek srednjeg rasta. Uvek jednostavno obučen i malo ko bi mogao i pretpostaviti da je on to što jeste ako ga ne zna ili slučajno sretne na ulici. Deluje kao običan građanin ili slučajan prolaznik na mestima od značaja u datom trenutku. Tad, pri ispitivanju, eventualni prestupnik otvara sebe, nešto više no što i sam želi. Tad biva upecan na kakvoj sitnici, a inspektor postaje kiklop od kojeg mu nema spasa.

Njegov pomoćnik, sem što je mlađi po godinama, on je i nešto viši, elegantno obučen i uvek opasan. On se prepoznaje odmah. Deluje agresivno i cilja pravo u glavu. Pred njim kriminalac drhti. Polaže oružje odmah ili pravi bedem. Tad glavni inspektor nastupa s lukavošću. Iznutra mu potkopa ličnost i on pada nesvesno u poraz.

Njih dvojica su ukomponovana celina u moći institucije sistema što ih pokriva. Mlađi inspektor je operativac. Deluje brzo i efikasno. Kao hobotnica sa kracima i pipcima, prikuplja podatke do najsitnijih detalja u vezi s nekim slučajem. Koristi pri tom najnovije metode iz kriminalistike. Za kratko vreme zna sve o svakome vezano za slučaj. Kao kompjuter izbacuje podatke kad zatreba.

- Je si li našao šta zanimljivo u ovome džumbusu? – upita stariji inspektor mlađega dok je preturao Stefanove stvari pristigle sa broda.

- Ništa posebno. Ima ovo pismo čija sadržina mi nije baš jasna – kaza mlađi inspektor i izdvoji koverat iz gomile stvari u haosu.

Glavni inspektor otvori koverat i izvadi pismo koje stade naglas čitati. To je bilo ono pismo što je Stefana takođe zbunilo i koje ni on sam nije mogao do kraja protumačiti. U potpisu na kraju je bilo: Bela Luna.

- Na šta li se to odnosilo? – razmišljao je glavni inspektor. Da li je to pretnja ili nešto drugo? Intuicija mu je govorila da može biti trag od značaja i da ni u kom slučaju ne treba zanemariti baš to.

- Čiji je rukopis? Ko je to poslao? Gledaj da to saznaš što pre! – kaza stariji inspektor mlađem.

- Već sam to uradio, a rezultati će biti za koji dan – odgovori mlađi inspektor.

- Ko nam je sledeći? – upita glavni inspektor.

- Sledeći osumnjičeni je onaj konobar. Ipak mislim da on ni u kom slučaju nije mogao biti ubica – kaza mlađi inspektor pa dodade:

- Obišao sam ga i uverio se da je zaista težak invalid. Leva ruka mu još nekako i funkcioniše, ali desna se gotovo osušila.

- Pobogu! Zar je taj Stefan bio takav idiot? – doda glavni inspektor.

- Izgleda da jeste. Levu ruku mu je slomio u laktu, a desnu u ramenu. Iživljavao se nad njim kao zver – kaza mlađi inspektor.

- I kako sad živi? Od čega? – upita glavni inspektor dok je kretao prema izlaznim vratima.

- Dobija socijalnu pomoć. Žena ga je ostavila, a on se propio – kaza mlađi inspektor.

Oni izađoše. Bilo je posle podne. Negde u daljini, na obzorju, je sevalo, ali se nije čula grmljavina. Jedan galeb je leteo ukrug i ponekad graknuvši, kao da je upozoravao na promenu vremena. S talasima je stizala svežina, iritirajući pluća viškom kiseonika. U čovekovoj prirodi nije potčinjavanje prirodi.

Jedan od inspektora izvadi kutiju cigara i ponudi ovog drugog. Oni povukoše dimove u slast i oteraše kiseonik iz pluća. Bi im lakše i oni se rastadoše.

XV

Čiča Donovan je bio starac izuzetno zadovoljan životom. Radovao se svemu što ga je okruživalo. Imao je svog papagaja i ljubimicu, a vrt mu je bio prekrasan. Naokolo kuće, visoki kestenovi sa krošnjama kroz koje se sunčeva svetlost preko dana na jedvite jade probijala, uticali su tako da pružaju neki tajanstveni mir i spokoj. On je bio srećan!

Tog prvog letnjeg jutra, on se izležavao u sobi u potkrovlju kuće. Nije mu se ustajalo, a nije imao ni razloga za to. Zrak svetlosti se na momenat probi kroz gustu krošnju i osvetli detalj u sobi. Tad čiča ustade i priđe prozoru kroz koji je dopirala sunčeva svetlost. On ga širom otvori. Svež mirisan vazduh prodre tog momenta u prostoriju. Donovan uzdahnu duboko pa pomisli na kafu. Siđe dole i nakon nekoliko minuta, ponovo se vrati gde je bio. Nosio je šoljicu crne kafe i pošto je postavi na stočić pored kreveta, i sam se vrati u njega. Ispi gutljaj. Uze svoju lulu. Stavi duvan u nju i sa zadovoljstvom pripali. Dim je kuljao kroz otvoren prozor napolje.

Tad se začu neko lepršanje, pa kreštanje, a onda kroz otvoren prozor uleti papagaj unutra. On napravi krug unutar prostorije pa slete na dedin krevet. Zakrešta, izleti kroz prozor i još brže se vrati ponovo nazad. Čiča Donovan ga je pratio pogledom.

- Šta ti je, Boby? Kako si otvorio kavez? – upita deda.

Na to papagaj opet naglo polete kroz prozor i nakon dužeg vremena se ponovo vrati dedi.

- Hm. Nešto čudno se dešava!? Da vidim! – pomisli i priđe prozoru. On pogleda dole. Učini mu se da sanja. Protrlja oči. Prilika koja je stajala u vrtu je bila stvarna.

- Dobro jutro! – kaza mlada žena.

Imala je tamne naočare za sunce. Haljina joj se uvijala oko tela i završavala preko levog ramena. Boje su bile žarke sa dominacijom plave i nešto zelene na rubovima. Ona visoka i vitka a kose crne kao gar. Smešila se. Očekivala je otpozdrav, ali ga ne dobi. Deda htede da prozbori nešto, ali mu to nije pošlo za jezikom.

- Da li me se sećate? – upita ona.

- Malo sam se htela poigrati sa Bobyjem i greškom otvorila kavez! Na trenutak zastade i nastavi:

- Izvinite! Bila sam nevaljala! Ako nemate ništa protiv i porazgovarala bih sa vama – reče i skide naočare.

- Anđela!!! – uzviknu čiča Donovan.

- Da, ja sam! Zar me ne prepoznajete? – odgovori ona uz osmeh.

Boby je leteo ukrug i kreštao, a onda se spusti na njenu ruku, koju ona prethodno podignu s dlanom okrenutim nadole.

- On te voli! – dobaci deda s prozora. Idi iza kuće u hlad, a ja stižem uskoro! – doviknu i nestade.

U hladu iza kuće se nalazio još uvek onaj sto od masivnog drveta. Sve je bilo isto kao i pre nešto više od godinu i po dana, kad je ona prvi put boravila na-kratko tu i upoznala se sa ovim čudnim dedom. Ispod kestenova se širio opojan miris, obogaćen kiseonikom, a cvrkut ptica je dopirao na momente sa krošnja i milovao sluh.

- Hajde, pokaži šta znaš! – reče Anđela papagaju koji je ponosno pravio vratolomije u njenoj neposrednoj blizini.

On se tad kao po komandi uzvi visoko do krošnji, a onda se stušti na kavez sa dedovom ljubimicom. Kad se uhvati kandžama za kavez, on stade kreštati. To probudi stvorenje unutra i ono se silovito ustremi ka papagaju, a on se još brže odvoji od kaveza mašući krilima. Sve se odigralo tako munjevito da je perje letelo. Kobra se uzdizala i šištala. Njen oštar jezik je pretio i moglo se jasno videti kako se pomalja iz kaveza.

Anđela u trenutku pretrnu od priređenog horora, ali pošto završetak bi srećan, ona se stade kikotati.

- Uf, al si lud! Nemoj više to da radiš jer ćeš nastradati! – dobaci Anđela papagaju koji je već bio na stolu i pravio se da mu nije ništa, dok su mu noge drhtale i odavale strah

Začuše se koraci. Anđela krete dedi Donovanu u susret. On je nosio na tacni slatko od grožđa i vodu. Ona ga presrete i poljubi sočno nekoliko puta u obraze. Čiča pocrvene a za trenutak mu se zavrte u glavi.

- Nemojte se ljutiti molim vas zbog papagaja! – kaza ona radosno ga gledajući, ali starac je prekide.

- Nema ljutnje! Zar ovakvoj gošći mogu i pomisliti da uskratim bilo kakvo zadovoljstvo!? – kaza on uz osmeh koji mu nije silazio sa usta.

- Ja vam se divim, čiča Donovane. Naprosto ne mogu objasniti koliko mi je drago da vas ponovo vidim! Tempirala sam mogućnost da dođem i porazgovaram sa vama, jer imate nešto što nedostaje svima nama kako bismo bili srećni – kaza Anđela, probajući slatko iz staklene činije. Ona smlati i sve što joj je doneto, brže no što se očekivalo, kad joj na usnama ostade lepljiva supstanca kao med. I to poliza jezikom pa ispi vodu.

Nasmeja se dedi nestašnim kikotom, dok ju je ovaj posmatrao s užitkom.

- Volim, Anđela, što si tako neposredna i prirodna! Verujem da si srećna, ali ti u očima ipak vidim jedan mali detalj koji na momente izbija u prvi plan; nije dobro što ga suzbijaš negde u dubinu duše, odakle ti on crpi energiju i biva sve jači – ispriča Donovan.

- Znam da ima nešto, ali ne znam kako da se borim protiv toga! Nisam čak sigurna ni da ga želim pobediti – kaza Anđela postavši pomalo uznemirena.

- Svi mi imamo demona u sebi, ali je opredeljenje za ili protiv njega u najvećoj meri i najbitnije – reče čiča blagim tonom.

Anđela ustuknu za momenat jer kao da se plašila spoznaje o samoj sebi. Donovan primeti to, ali nastavi:

- Svako razumno biće na ovoj planeti ne želi čuti istinu o sopstvenom egu i sukobu koji se u njemu javlja. Tada to isto biće ili postaje još razumnije, pa prihvata pouku, te grabi ka savršenstvu, ili pak odbija subjektivistički saznanje o sopstvenoj slabosti i srlja dalje u propast – ispriča Donovan i pokaza rukom Anđeli da može izreći ono što je uostalom i glavni razlog dolaska.

Ona se zamisli. Pogleda naokolo kao da je htela da se uveri da nema ko da ih čuje. Deda u trenutku spozna da pred njim nije više ona nestašna cura, već odrasla žena koja je dotakla užas. Ipak, u očima se nije video strah, već gorčina što se izliva i veže oko vrata sagovorniku. Bes joj je poprimio materiju isto kao munja od groma. Ona započe besedu. Trajala je dugo. Prepričala je Donovanu sve što joj se događalo od dana njenog odlaska u grad na studije pa do dana današnjeg. Nije krila ništa do u detalje, jer u dedu je imala poverenje.

- Eto tako! Sad sam u igri iz koje bih najradije izašla, ali ne mogu. Dok sam bila devojčurak i kad sam čitala knjige, ono što se dešavalo likovima u pričama je nešto što se dešavalo nekome drugom, a ne meni. Jednostavno sam mogla zatvoriti knjigu i sve je prestajalo – završi Anđela.

Deda ju je pažljivo slušao, a oči su mu zasuzile. Nešto ga je pogodilo, ali se on pribra pa stade govoiti:

- Život ti je, Anđela, kao more. Čas je mirno i pitomo a onda dunu vetrovi i ono postaje uzburkano i divlje. Razum ti je kormilar koji proučava kartu putovanja i pretpostavlja srećne i nesrećne okolnosti koje utiču na plovidbu jedrenjaka. Sem karte putovanja, kormilar mora znati i cilj, jer bez toga je putovanje uzaludno. Sem cilja i karte putovanja, kormilar se treba služiti kompasom, jer će u protivnom zalutati i razbiti se negde o stene. Isto tako, ako razum prepusti svoj brod života slučaju i stihiji, onda je brodolom neminovan. Sad vidiš, Anđela. Pre svega je čoveku potreban cilj. To ga čini srećnim. Život bez cilja je tumaranje do smrti.

- Jedrenjak! Odakle mi je to poznato? Ne mogu se setiti! – kaza Anđela stavivši ruku na čelo. Prelistavala je slike u glavi i pokušavala da iskopa to mesto iz podsvesti, ali uzalud.

Deda se nasmeja na trenutak i pruži prst papagaju. On je bio na stolu i grebao nešto kandžama. Boby mu stade cimati prst kljunom, ali pažljivo i bez namere da mu ga povredi.

- Kormilar mora biti mudar. Kada uoči najmanji nedostatak ili grešku, on to mora otkloniti. U protivnom, kasnije na otvorenom moru može biti kasno i beznadežno – dodade čiča.

- Vidim da se to odnosi na mene i taj jedrenjak sam zapravo ja! – kaza Anđela. Malo se zamisli pa će:

- Zapravo sam uvek znala kako treba postupati, ali je bivalo drugačije – dodade ona.

- Nisi bila dovoljno mudra. Mudrost ti je kada znanje koje poseduješ, umeš da iskoristiš – kaza deda.

- Shvatila sam. Znanje se postiže učenjem, a mudrost dolazi s godinama – kaza Anđela.

- Pristala si da postaneš druga osoba po nagovoru prijateljice, jer si bila pohlepna – kaza Donovan.

- Ali, dobro je imati pare. One daju moć. Imaš sve – kaza Anđela.

- Skromnost je vrlina. Kada si skroman, onda si srećan. Ako nisi srećna, onda ti ne vredi ništa što imaš! – ispriča čiča, pa nastavi:

- Ti si mi, Anđela, draga, to znaš. Nemoj shvatiti ovo što ću ti reći lično. Zabrazdila si u zlo kojeg si tek sada svesna. Šta god da ti kažem i kako god da ti pomognem, i ja ću biti saučesnik. Ipak, želim ti pomoći!

- Ako platim tom čoveku ucenu, ne znači da će to njemu biti i dovoljno. Uvek će me držati u šaci. On je sigurno veliko đubre i šta god mu dala, neće ga zadovoljiti – ispriča Anđela.

- Kako te je samo prepoznao po slici u novinama!? Ti sad ne izgledaš kao pre. Crte su ti drugačije, ali oči te izdaju. I kosa ti je kraća – kaza čiča.

- U slučaju da mu ne dam pare, onda sam gotova! – dodade Anđela.

- Najbolje i najteže za tebe u ovom trenutku je da odeš i priznaš sve gospođi Gattoni! – kaza čiča Donovan.

- Ali, otkud vi nju znate?! Nisam vam to rekla! – gotovo viknu Anđela i skoči sa stolice.

- Ma rekla si! Verovatno se ne sećaš! Smiri se, Anđela – kaza Donovan, tiho i razgovetno.

Anđelu to nije smirilo. Gledala ga je ispitivački i nesvesno se kretala unazad.

- Da vi niste možda? Sad mi je sve jasno! Onaj jedrenjak na slici. Vi ste ga naslikali! Čudak, zanesenjak. Jeste! Vi ste bivši muž gospođe Gattoni – reče Anđela sva uzbuđena, uperivši prst na Donovana.

Čiča ustade. Krete prema njoj.

- Ne prilazi!!! – dreknu ona.

Donovan stade kao ukopan.

- Tačno je, Anđela. Ja sam bivši muž gospođe Gattoni, ali u mene možeš imati poverenja – kaza on.

Anđela na trenutak spusti pogled, a onda ga pogleda direktno u oči i priđe mu. Deda joj se osmehnu i pruži ruke. Ona ih uhvati i privi mu se uz grudi. Jasno je čula kako mu srce kuca žestoko. Prepustila se taktu i ugledala jedrenjak što plovi morem. Talasi su se silovito uzdizali sa svih strana kao pomahnitali. Onako zajedno sa morskom penom što je iskakala iz njih, oni su delovali stravično. Jedrenjak je plovio punim jedrima a negde na horizontu se naziralo svetlo. Tad je deda pomilova po kosi i doživljaj prestade.

Jedrenjak zastade u borbi sa pomahnitalim morem. Na trenutak joj se pojavi ona slika iz sobe za čaj kod Gattonijevih. Nije to bila obična slika. Ni obična podivljala vodena masa, niti jedrenjak. Delovalo je tako, ali značilo mnogo više. Njoj bi jasno da je onog dana, kad je ugledala tu sliku i zakikotala se, u trenutku spoznala poruku. Nekome bi bila potrebna čitava večnost da shvati ideju stvaraoca!

- Moram ići! – reče Anđela i krete.

- Kad ti zatreba pomoć, obrati mi se! Ovo u koverti, čuvaj za zlu ne trebalo! – kaza deda Donovan i dade joj jednu podeblju kovertu.

Anđela ubrzo nestade iza ugla. Dan je mirisao na cveće, polen i ženski parfem.

XVI

Na otvorenom putu, dva vozila se mimoilaze.

- Mama, stari! Ono je Franko! – viknu Mirela i stade trubiti.

Žena zakoči auto, jer gotovo da je izgubila kontrolu. Brzina je bila mala zbog prevoja, a Mirela je pritskala sirenu na volanu. Bez predaha.

- Šta ti je, Mirela!? Tek si izašla iz bolnice, a već si nemoguća! – viknu žena. Ova se okrete, a kad vide da je Franko zaustavio kamionet s desne strane, otvori vrata i sede unutra.

- Pobogu, Mirela! Ne bi trebalo da se viđamo – kaza joj Franko tiho i razgovetno.

- Šta je? Uplašio si se? – dodade ona.

- Zbog Beatrise! Nije u redu! Znaš – odgovori on.

- Ali, ja sam ti prva! I ti si meni prvi! Zar ne? – kaza Mirela, a pri tom uze cigaru iz njegovih prstiju i povuče.

Dim zadrža u njenim plućima dugo. Veoma dugo. Ona sevnu očima i dune mu sadržaj iz pluća u lice.

- Neverovatna si! – reče joj Franko, dok se prijatno gušio u oblaku dima.

- Zar da budem utučena? – upita ga Mirela i nasmeja se vragolasto.

- Verovatno bi treballo da si utučena i uplašena, a sve to nisi! – kaza joj Franko sad već ozbiljno.

Začu se sirena iz susednog vozila.

- Mama mi je nestrpljiva. Idem. Ali, videćemo se uskoro, Franko, zar ne?! – kaza Mirela i otvori vrata od kola. Htede izaći, ali primeti kako im iz susednog pravca prilazi policijski auto. Stade i jedan policajac izađe.

- Dobar dan! Da li je sve u redu? – upita on.

- Sve je u najboljem redu! Kako da ne! – odgovori Franko.

- Ne bi trebalo da se zadržavate preterano van naseljenog mesta! – kaza im policajac.

Utom Mirela izađe iz kamioneta i krete da zaobiđe haubu, ali je policajac osmotri i podiže ruku ka njoj.

- Stani, imaš li dokumenta? – upita je.

- Da. U kolima prekoputa – odgovori i pređe do auta.

Majka ju je nešto pitala dok je ova tražila svoja dokumenta sa zadnjeg sedišta u jakni. Ponese ih policajcu. Bio je već pored svog službenog auta. On se zagleda u dokumenta i uze radio-stanicu. Pokaza joj da sačeka pored auta iz kojeg je sad izašla njena majka. To je bila žena već zašla u četvrtu deceniju života, ali izuzetno dobrog izgleda. Svoju kćer je donela na svet još veoma mlada. Tek je bila punoletna. Tad je živela sa nekim slikarem i on ju je ostavio i otišao u Ameriku. Nikada nije tvrdila da je Mirela njegovo dete, a ko joj je zapravo otac, to je čuvala u sebi. Jednom joj je samo kroz plač priznala da joj je otac neko koga je ona najviše volela u životu i da mu se desila nesreća. Tad su zajedno nastavile da plaču, ali Mirela nije dalje insistirala na tome. Kopanje po prošlosti zna da bude bolno. Njih dve su bile kao prijateljice i tako su se ponašale. Po izgledu tela i zategnutosti kože se nisu nimalo razlikovale. Jedino u licu i po borama ispod očiju je njena majka odavala ženu u godinama.

Šta joj je majka radila i čime se zapravo bavila? E, to nikada niko nije saznao! Ona je odlazila negde i nije se vraćala i po nekoliko dana. Meštani su pretpostavljali šta joj je zanimanje, ali njih dve su živele komforno i bez oskudice u osnovi.

Jednom, pre desetak godina, u njihovoj udobnoj i velikoj kući je boravila i ekipa novinara iz Amerike. Interesovali su se koja je to žena ostavila traga u duši slikara, koji je postao s vremenom uspešan i prilično bogat.

Na ulazu u njegov atelje, u srcu Čikaga, izgraviran je tekst na srebrnoj ploči:

ZAHVALJUJEM SUDBINI NA SLIKARSKOM UMEĆU. ŽENI IZ SVOJE RANE MLADOSTI, SVOJOJ VEČITOJ LJUBAVI. ONA MI JE OSVOJILA DUŠU I OSTALA U MOM SRCU KAO VEČITA INSPIRACIJA I OPSESIJA, ŠTO PROŽIMA SVE MOJE SLIKE, PA I MENE KAO STVARAOCA!

Na pitanje novinara zašto nisu zajedno kad je već tako, ona je odgovorila:

- Iz dva razloga: Prvi je zato što ja njega ne volim! Drugi je, pak, što je sve to kao ljubav i opsesija, pa inspiracija i obožavanje zapravo imaginacija. Kada se imaginarno dodirne i uzme u ruke, onda prestaje njegovo dejstvo. To vodi do razočaranja i deluje destruktivno. Destrukcija ne stvara tako divne slike što pomućuju um i razum odvodi u vibracije još nedokučivih svetova i nerealnih dimenzija.

- Ali, vi ste ponekad ipak zajedno? – kaza novinar. – A ne volite ga?

- Nisam rekla i da ga mrzim! – odgovorila mu je.

Policajac je razgovarao sa nekim preko radio-stanice iz auta. Pogledavao je Mirelu, a ponekad i Franka, koji je sedeo za volanom svog kamioneta. Tad priđe Mireli i njenoj majci. Pokušavao je da izgleda što ljubaznije, a da pri tom ne izgubi služben i naređivački ton.

- Vi devojko, morate ići s nama! Žao mi je, ali odmah! – kaza policajac. Okrete se prema njenoj majci i blago se nakloni.

- Dobio sam naređenje da privedem vašu kćer – kaza.

Ubrzo, nakon pola sata vožnje policijskim autom, Mirela je bila u kancelariji glavnog inspektora na slučaju.

On joj pruži poveći list hartije sa pisanim tekstom u čijem potpisu je bila Bela Luna.

- Pročitaj ovo, Mirela! – kaza inspektor grubo i ne gledajući je u oči. Bio je veoma ozbiljan. Na momente ju je pogledavao, dok je ona čitala.

- Da li ti je to poznato? – upita je napokon.

- Ne, nije! – kaza devojka promuklo i jedva. Osetila je kako joj vatra nadolazi u glavu, a uši postaju vrele.

- Nije ti poznato, a? Otkud onda otisci tvojih prstiju na hartiji? – upita on strogo.

Mirela je pokušala doći do reči, ali u grlu joj zastade pljuvačka. Strah u očima je bio očigledan. Pogledala je hartiju na stolu koja je imala specifične šare sa leve i desne strane a obojene u plavo.

- To ja nisam napisala! – prozbori ona tiho.

- Na hartiji su tvoji otisci? – kaza joj inspektor.

- Taj list je iz mog spomenara, ali je nisam...! – pokuša izreći misao, ali je ovaj prekide.

- Nisi ti napisala! Zar ne!? E to ćeš morati dokazati na sudu! – viknu inspektor uzrujano i ustade od stola.

Mirela je drhtala. Otvarala je usta kao riba na suvom, ali reči nisu izlazile.

- Zar si mislila, Mirela, da te nećemo otkriti? Mrzela si Stefana, jer te prevario sa najboljom prijateljicom i ko zna zbog čega još.

- Nisam ubila Stefana! – kaza Mirela isprekidanim glasom, kroz koji se nazirao plač.

- Jesi! Sve si dobro smislila, a možda ste oboje? Ti i Franko – kaza inspektor, galameći i dalje.

On pritisnu dugme na stolu, a trenutak posle, uđe policajac.

- Vodite je u istražni! – naredi inspektor.

Mirela je bila zbunjena i nije tačno znala šta joj se događa. Na vratima, dok su je odvodili, ona srete Franka. Pogledaše se u oči. Njoj su tekle suze. On zastade na silu, a ona je odmicala i osvrtala se dugačkim hodnikom. Vodila su je dva policajca, a na rukama je imala lisice.

- Sedi, Franko! – kaza mu inspektor prijatnim tonom.

On sede. Zbunjeno je očekivao kakvo pitanje.

- Mirela i tvoja sestra su bile dobre prijateljice? Jel tako? – upita inspektor Franka.

- Da, družile su se – odgovori Franko.

- Misliš da su razmenjivale knjige, sveske? Recimo spomenare! – upita ga inspektor.

- Da. Sigurno. Ali, nisam zavirivao u to! – kaza Franko.

- Ono što te je zanimalo, nisu bile knjige i spomenari? – kaza mu inspektor i osmehnu se.

- Valjda tako! – odgovori Franko i pocrvene.

- Možeš da ideš! – kaza mu inspektor.

Koji trenutak kasnije on začu da je zabrujao Frankov kamionet. Priđe prozoru. Bilo je podne i veoma oblačno. Kiša je rominjala dok je inspektor posmatrao vozilo koje odlazi.

Anđela uđe u fotografsku radnju. Pojavi se Aldo iza pulta.

- Ah, vi ste! – kazao on.

- Reci mi, Aldo, da li je godpodin Sandoza tu? – upita ona.

- Upravo je stigao. Sad ću ga pozvati – kaza Aldo uzbuđeno.

- Ne! Radije bih ja išla k njemu ako je moguće! – kaza Anđela smireno.

- Onda pođite za mnom! – odgovori Aldo i oni izađoše iz radnje pa stepenicama pored, do stana na prvom spratu.

Kad se vrata otvoriše, na njima se pojavi Sandoza. Imao je naočare sa dioptrijom. On odmeri Anđelu i ne shvati u trenu koga to ima pred sobom.

- Izvolite unutra! – kaza i stade se osvrtati oko sebe kao da je nešto izgubio.

- Niste me baš očekivali? – kaza Anđela pošto uđe i ostade sama sa njim.

- Očekivati lepoticu kao što ste vi? Pa to je smešno! Vi dolazite iznenada kao proviđenje i nestajete čarolijom, kao san – kaza Sandoza uz osmeh i postavi pred nju čaše za piće.

- Još kad proviđenja donese i gomilu para! Bili biste srećniji! Zar ne? – odgovori Anđela i ispi gutljaj žestokog pića.

- Anđela! Da pređemo na stvar! – kaza Sandoza, sedajući na fotelju naspram nje.

- Priklanjam se! Rado! – odgovori Anđela. Utom se navali udobnije u kožnu fotelju, a nogu prebaci preko noge, lenjo i netremice ga gledajući u oči.

Sandoza je bio iznenađen. Odmeravao ju je i pokušavao odgonetnuti zašto ona ne deluje nimalo kao uplašena osoba za svoju sudbinu. Delovala je hladnokrvno i odavala utisak zadovoljstva.

- Bio bih zadovoljan s polovinom sume čeka koji si dobila pre izvesnog vremena i ponašao bih se kao da ništa ne znam – kaza Sandoza.

- Vidim. Obavešteni ste dobro o vrednostima koje su u opticaju – kaza Anđela i dalje ga ciljajući direktno u oči pogledom, a na usnama joj se nazirao osmeh.

- Između ostalog, imam tu i tamo ponekog svog, da mi se nađe pri ruci kad zatreba. Informisanost je veoma bitna u današnje moderno doba. Ko poseduje imformaciju u pravo vreme, taj i pobeđuje! – ispriča Sandoza.

Romano je izbegavao njen pogled dok je govorio, a češće je ciljao u njena ogoljena kolena i listove, izazovne i svetle.

- Pobeda je iluzorna stvar. Iako na prvi pogled ne izgleda tako, ona može biti početak vašeg kraja – kaza Anđela.

- Da li je to možda pretnja!? – upita Romano Sandoza, a u očima mu se baš ogledala pretnja.

Anđela na momenat ustuknu, ali se odmah pribra. Nije želela da izgubi kontrolu situacije. Sećala se reči od pre podne kod čiča Donovana:

- Kormilar treba da čvrsto drži kormilo u rukama i da zna šta hoće! Panika je prepuštanje stihiji, a ona vodi u propast!

- Gospodine Sandoza! Ja vam želim dati pare, ali vas upozoravam da je ucenjivanje opasna stvar i da možete snositi posledice – ispriča Anđela, smireno i tiho.

- Ako potonem ja, potonućeš i ti! – kaza Romano.

- Šta je meni garancija da ćete se zaustaviti na ovome? – upita Anđela.

- I šta ako Aldo progovori? – nastavi ona.

- Ja dajem obećanje. Aldo je pod mojom kontrolom – reče Sandoza.

- Uh! Čvrsta garancija! Veoma čvrsta! Nema šta! – doda Anđela i prekrsti noge.

Butine zasvetleše, a ona je gledala negde u stranu i smešila se. Očekivala je da Romano nastavi. On poče a ona ga pogleda. I dalje se smešila. Oči su joj sijale.

- Zapravo, Anđela! Uostalom, a zašto mi ne bismo bili prijatelji? Mislim i više od toga... pa bismo zajedno učinili dosta – reče Sandoza.

- Zar mi nismo već prijatelji? Upoznali smo se u vozu, a putevi nam se ukrštaju sudbinski. Ponudili ste mi svoje usluge. Naravno, dobronamerno, a sad me ucenjujete i bili biste mi ljubavnik!? – kaza Anđela razgovetno i umiljato.

- Čovek često ne zna šta zapravo želi. Ja želim... - započe Sandoza, no Anđela ga prekide.

- U paketu i mene i novac! Zar ne? – doda Anđela i nasmeja se glasno.

Sandoza je delovao zbunjeno a prohtevi su mu postajali sve veći. Anđela je zurila u njega i videla u njemu kormilara bez kompasa pa nastavi:

- Šta mi je sad činiti? Gledati u vama razbojnika ili ljubavnika? Razbojnika ne mogu voleti, a ljubavnik me ne može ucenjivati – pravdala se Anđela.

- Da vratimo sve na početak – kaza Romano.

- Na početak u kupeu voza, ili danas? – upita Anđela i poče se dizati iz fotelje. Ostalo joj je još malo pića pri dnu, izmešanog sa već istopljenim ledom. Ona uze čašu u ruku, ali ne ispi odmah.

- U kupe voza, recimo! – kaza Romano Sandoza i krete za njom prema vratima.

Ona mu bi okrenuta leđima i kad se približi vratima, tad ispi gutljaj pića iz čaše, ali ga ne proguta. Sandoza je bio nadomak nje i Anđela se okrete. On zasta, a njoj su oči sijale izazovno. Bila je nešto niža od njega i on je privuče k sebi. Usne se spojiše, a tad se iz njenih usta izli u njegova usta piće koje nije progutala. On se zagrcnu, jer to nije očekivao, ali mu žmarci prođoše telom, prijatno ga uzbudivši. Anđela mu se nasmeja glasno i ode.

Romano je stajao pred zatvorenim vratima omamljen. Poljubac mu se zario u mozak. Jedrenjak je izgubio kontrolu. Kad preuzme, može biti kasno.

Nakon kratke vožnje taksijem, Anđela je ušla u hol kuće, a na vratima sobe za čaj se pojavila gospođa Gattoni.

- Zdravo, Wanessa! Nije te bilo ceo dan? Malo sam se zabrinula, ali izgledaš lepo i na licu ti se ogleda radost! – kaza ona. U rukama je držala malog Đovanija. Imao je napućene obraze i okice tamne i krupne. Bio je mali nestaško i kad ugleda mamu, on joj pruži ručice i poče gugutati kao golupče. Ona ga uze iz ruku bake i privi sebi na grudi, pa se stade okretati zajedno sa njim. Đovani je cičao od sreće, a gospođa Gattoni je zaplakala.

- Znaš, Wanessa! Gledam ga i vidim da sve više liči na mog Niccola. I kosica mu raste onako na stranu kao njemu. Pokreti su mu isti, a zaplače kad čuje usisivač. Baš kao i on – ispriča gospođa Gattoni.

- A na mamu? Šta ima na mamu? – upita Anđela, gledajući ga radosno.

- Na tebe ima usne i oblik očiju. Osmeh mu je isti kao tvoj i biće veoma lep kad poraste – kaza gospođa Gattoni.

- Onda bismo mogli zajedno na čaj! Šta kažete? – upita Anđela.

- Zašto da ne, Wanessa? – kaza gospođa i oni uđoše i sobu sa jedrenjakom na zidu.

Anđela priđe slici. Želela je videti nešto što je uočila odmah, prvi put kad je prišla bliže da prouči tehniku.

- A to li je? Ovo je divno i neverovatno! – ciknu ona.

- Da. To je moj bivši muž slikao godinama. Koristio je mikroskop, lupu i ko zna šta - kaza gospođa Gattoni i otvori fioku na malenom stočiću ispod slike. Ona izvadi lupu i da je Anđeli. Ova prinese slici.

- Izvanredno! To sam i mislila. Svaki detalj na platnu je urađen od gomile još sitnijih detalja koji ni blizu ne pretpostavljaju ono što se vidi sa udaljenosti – reče Anđela radosno.

- I šta još vidiš? – upita gospođa Gattoni znatiželjno, a u iščekivanju odgovora je zaneseno posmatrala snaju koja je naprosto sijala od ushićenja.

- Ja ne mogu verovati! Ovo je remek-delo bez početka i kraja. Naprosto, večnosti! Kako je samo imao strpljenja da ovako slika!? – kaza Anđela, ali sad načinivši bolnu grimasu, jer ju je mali vukao za kosu i to mu se činilo mnogo interesantnijim od bilo kakve umetnosti. Ona nekako otvori ručicu koja joj čupala kose i baš u tom trenutku uđe Patricija u prostoriju.

- Mogu li uzeti Đovanija? – upita i pogleda i jednu i drugu. Mali Đovani je već pružao ručice ka dadilji i ova ga uze.

- I šta još vidiš na slici, Wanessa? – upita gospođa Gattoni i ne pogledavši dadilju čestito.

Anđela uze lupu i stade proučavati sliku zaneseno i ne primetivši gotovo Patriciju. Ova, pošto uze maloga, sačeka za trenutak da je udostoje bar pozdrava, ali ni to ne dobi. Učini još nekolikor koraka do vrata sa malim u naručju pa se osvrte opet, ali bi isto. Ona sleže ramenima. Zavrte očima i ne shvativši u čemu je stvar, napusti prostoriju.

Anđela je kružila lupom po slici koja je bila barem metar i po dugačka, a nešto manje široka. Čak se pomagala i stolicom koja joj se našla pri ruci. Čas je stajala na njoj, a potom silazila sa nje, da bi je zatim povlačila u stranu i penjala se ponovo na nju, pa opet silazila, i tako redom.

- Ova slika je u stvari jedna priča koja je nastajala sada, a odvijala se negde u dalekoj prošlosti i ne završava nikada u budućnosti – reče Anđela i pogleda u gospođu Gattoni, pa nastavi proučavati delo lupom.

- Misliš da je to vremeplov? – upita gospođa Gattoni.

- Nešto tako! Ovi detalji u moru, pretpostavljaju da vreme i prostor nemaju početak niti kraj. Ipak, sve je po istom principu sastavljeno od izmerljivih čestica, vidljivih i nevidljivih, čak i mikroskopom. Potom one stvaraju materijalne oblike koji su sastavni deo većih materijalnih skupina i sve tako u nedogled. Shodno tome je onda i ceo svemir omeđen, ali tako da je samo sastavni delić nečeg još većeg u beskonačnosti. Jedrenjak predstavlja kretanje. Sve je u pokretu, ali nema haosa. Čim postoji kretanje u prostoru, onda je izmereno vremenom u beskraj. Po toj logici onda je čak i brzina svetlosti nemerljivo mala u odnosu na veličinu nečega što se sastoji od bezbroj univerzuma, ovakvih kao što je naš – kaza Anđela i htede nastaviti kao da je na nekakvom predavanju, ali je gospođa Gattoni prekide.

- Ti si otišla predaleko, Wanessa! Ne postoji ništa brže od svetlosti, a kamoli mnogo puta brže od nje.

- Postoji. To je misao. Ona je trenutna, ali samo u domenu nama shvatljivog i vidljivog. Misao je materijalna. Već u relaciji našeg univerzuma koji je toliko velik da je nepojmljiv našoj svesti i misao kasni. Šta onda reći za dalje od tog. Po tome, onda ima nešto i brže od misli – kaza Anđela zamišljeno.

- Ti zaista vidiš priču u toj slici? – reče gospođa Gattoni začuđeno.

- Da, i to nije sve. Rekla sam već da ne postoji kraj. Ova svetlost potiče od Sunca kao izvora energije. Toplota stvara vetrove koji pune jedra i brod se kreće. To prosto gledajući izgleda tako, ali se nazire mnogo više:

- Dinamika vezana za materiju u perfektnom odnosu, omogućava život. Život je hibridno stanje materije i energije u dinamici kretanja. Misao daje u stvari smisao životu, ali je i ona samo vlakno u spletu što čini svest. Sve to ukupno objedinjeno čini zamisao. Zamisao se stvara u trenu, a ne može se iskazati rečima niti slikom. Sem u izuzetnim slučajevima kada zamisao stvara remek-delo, kao što je ova slika – ispriča Anđela i napokon sede za sto i ispi čaj, koji se već napola ohladio.

Gospođa Gattoni i sama tek sad sede za sto pa reče:

- Mislim da i remek-delo mora imati svog tumača. Stvaralac ovog dela mi nije objasnio ovako kao ti.

VIII

Gluvo je doba noći u nedelji punog meseca. Dolina obasjana škrto, ali dovoljno da se sablasti međusobno prepoznaju i pronalaze sebi put. Utvare iz kojekakvih bapskih priča pred spavanje se verovatno tad skrivaju u senkama sopstvenog ništavila. Duše pokojnika koje ne počivaju u miru, tumaraju u nadi da će pronaći svoja tela već davno istrulila u zemlji.

Čuju se zaista koraci, a zatim glasovi. Nekakve prilike se pojavljuju, gotovo prikradaju, što pojedinačno ili pak u grupama. Šapuću nešto među sobom, a čuje se i smeh. Nije to onaj smeh koji nastaje iz srca i od radosti, već nekako zloban, parajući. Pre bi se moglo reći da takvo kikotanje dolazi dželatu, koji treba da odrubi glavu kakvom nesrećniku. Kako se ponoć bliži, sve ih je više i sa svih strana primiču, gubeći se tako unutar zdanja pored Seleninog groba.

Mesec i dalje obasjava dolinu, koja je sad ponovo utihnula, kao i crkvicu u kojoj nema baš nikakve svetlosti, sem one mesečeve, koja se na momente probija kroz polupana malena okna ili tu i tamo naprsline, nastale tokom vremena. Tad je mesec nemi svedok da se tu nešto događa. A grob je obasjan takođe mesečinom i nazire se kroz žbunje i travu. Ženska,prilika se primiče kamenoj ploči sa Seleninim imenom. Pomera je i ulazi unutra.

Da li je to Selena bila u noćnoj šetnji okolinom da se podseti na vreme dok je bila živa? Ili se to događa nešto čisto ovozemaljski i logično objašnjivo?

Možda je mešavina i jednog i drugog, a da bismo to znali, moramo zaviriti u grob.

Unutar njega stepenice. Uske su i od kamena, a spiralnog oblika. Žena silazi niz njih sa upaljenom petrolejskom lampom u ruci i stiže u malenu prostoriju. U udubljenju u zidu se nalazi mrtvački kovčeg. Ona stavlja lampu na njega. Širi se topao miris petroleja. Skida sa sebe odeću i potpuno obnažena uzima belu mantiju sa kapuljačom i navlači na sebe. Potom hvata petrolejsku lampu i provlači sebe kroz pukotinu na steni iz koje probija svežina. Negde se čuje žubor vode i glasovi.

Ona izbi u prostranu dvoranu. Mnogo prilika u crnim mantijama, žagor i odjednom muk. Fokus pažnje je osoba tek pristigla unutra. Na uzvišenom delu dvorane, gde se žena pojavila, priđoše joj tri prilike u plavim mantijama. Donji prostraniji deo pećine je bio vezan gornjim platoom sa nekoliko stepenika, uklesanim u stenu. Sto od masivnog drveta, nizak i veoma težak je zauzimao mesto, nešto ispred stepenika.

- Šta ste pripremili za noćas? – upita žena u beloj mantiji.

- Pravu poslasticu! Cura je emigrant iz jedne susedne zemlje i želi postati član – odgovori jedan u plavoj mantiji.

- Ako ste je pipremili, dovedite je! – naredi žena u belom.

Tad ona priđe nekoliko koraka ka masi koja je očekivala da im se ona obrati.

- Spodobe, Rugobe! Bednici i očajnici! Šljamu ljudskog roda u vašim kretenskim vrećama od kože koja bazdi na gnoj! Mesec, naš zaštitnik i ja Bela Luna smo se potrudili da vas ove noći učinimo srećnim! Uživaćete noćas kao nikada do sad, jer već sutra u onom svetu, što vas okružuje, vi ćete biti odbačeni kao gnjide. Ne treba da govorim kako curu koju vam noćas poklanjam možete imati samo u izopačenoj mašti, uostalom kao i vi što ste – reče žena.

Tad nasta žagor. Skupina se razmače. Dvojica u plavim mantijama, izuzetno krupne građe, vodile su devojku. Kroz jednostavnu trenerku sive boje, očitavale su joj se obline. Imala je kuštravu smeđu kosu do nešto ispod ramena, a oči kestenjaste i sitne sa malo pega ispod njih i na jagodicama. Atraktivan izgled lica uz skladan oblik tela, pa grudi koje su naprosto razvukle gornji deo trenerke i težile da rastrgnu patent po sredini, naterale su gomilu da ciči i zavija.

Ova dvojica dovedoše devojku do stola i postaviše je na njega. Nije izgledalo da je bila svesna šta joj se događa. Kolutala je očima i zverala okolo, ali bez moći i želje da se odupre bilo čemu.

Lako su joj svukli donji deo trenerke i bacili u masu, a noge savili u kolenima i tako stopala vezali za držače postavljene u tu svrhu. Ovi pak kad se dograbiše delova njenog veša, počeše se otimati oko njega. Nasta graja, vika i udaranje.

- Tišina! Dosta je bilo! – viknu žena u beloj mantiji i ovi se umiriše u trenutku.

Neko čak baci i trenerku ispred a potom doleteše i bele čipkaste gaćice.

Sad dok se cura ne pripremi, da vidim šta je ko pribavio za članarinu – kaza žena u beloj mantiji i sede na presto, tačnije, udobnu široku stolicu od debele kože.

####

Dragi čitaoče!Ovo sam ja. Autor ili vaš vodič kroz ovu priču. Savest mi nalaže da vas upozorim kako tekst ispisan nakon ovog, do mog sledećeg komentara niste u obavezi da pročitate! Radi se samo o nekoliko stranica.

Ako se pak odlučite na to, onda možete zapasti u stanje depresije usled šoka u sopstvenoj svesti a izazvane surovim scenama nasilja, koje nisam želeo izbaciti, jer se zločin nad ljudskim bićem ne može jednostavno izbrisati a tamna strana u svakom od nas je, na našu žalost, ipak i surova realnost!

####

Prvi se pope stepenicama. Priđe ženi i pokloni kao kraljici. Izvadi zlatan debeo lanac za oko vrata i ubaci ga u sanduče sa otvorom na vrhu.

- Da te vidim! – kaza mu žena za prestolom.

On skide mantiju. Ništa nije imao ispod. Visine je bio oko metar i pedeset. Ogrubele crte lica su odavale čoveka u srednjoj dobi. Na leđima je imao grbu, a penis, iz kojeg je nešto kapalo, nesrazmerno velik.

- U redu! Stani tamo i čekaj – kaza mu žena.

Tad se začu krik. Prodoran i ženski. Jedan od dvojice u plavom je već prodirao u devojku na stolu. Nije mu to išlo lako. On izvadi vrh svog penisa iz nje pa lizne srednji prst i njime poče trljati u vaginu devojke. Ona je grcala u suzama. Pokušavala se odupreti jer je počinjala shvatati šta joj se po prvi put u životu događa. Drugi u plavom joj priče iza glave i podupre joj ramena rukama. Tad ovaj prvi ponovo uze svoj penis u ruku i protrlja nekoliko puta njime ulaz vagine a onda ga poče gurati u nju. Devojka je ječala sve glasnije, a onda jako kriknu. Ovaj je prodro potpuno u nju.

Gore do prestola je bio već sledeći.

- Ja sam doneo ovaj zlatni časovnik – kaza muškarac, visok i tanak.

On skide mantiju. Bio je kost i koža. Žile su se jasno videle, a očima je žmirkao kao pacov. Usne su mu bile izrazito crvene, a brada u špic. Osvrte se na ječanje koje je stizalo odozdo, ritmički i u pravilnim razmacima. Želeo je što pre stati u red i dodirivao je rukom svoj ud, već očvrsnuo, tanak i dugačak.

Ova ga otpusti rukom i on prođe, ali kad siđe niz stepenice pogleda u pravcu stola. Muškarac je obavio devojku oko glave rukom i svom snagom nadirao u nju. Ona se gotovo nije videla ispod njega, a on je nije nimalo žalio.

Ka ženi u beloj mantiji se popeo i treći pacijent.

- Šta ti imaš? – upita ga.

- Ovo sam pripremio za večeras! – kaza i izvadi zlatan prsten, poveći i sa kamenjem što mu je povećavalo vrednost.

- Aha! To je lepo. Skidaj se! – kaza mu žena sa prestola.

Ovaj zbaci mantiju. Kokošije grudi su bile jasno izražene, a glava četvrtasta sa ustima iskrivljenim od neke bolesti.

- Jesi li ikada radio ovo? – upita ga žena, pokazujući pogledom u pravcu odakle su dopirali uzdasi.

- Ne, nisam! – kaza čovek pokunjeno jer se postide.

- Koliko imaš godina? – upita ga ona.

- Imam pedeset! - odgovori on.

- Idi uživaj! – reče mu ona i otpusti ga.

Muškarac na devojci je završavao. Naizmenično su se stezali i opuštali mišići na njegovoj stražnjici. Imao je snažan i bogat orgazam. On sačeka još malo. Umiri se. Kad mu sav sadržaj iscuri u matericu, on se izvuče iz nje. Trag krvav i lepljiv se jasno očitavao na stolu. Mantiju je raskopčavao već drugi od trojice u plavom. Devojka je vrtela glavom dajući do znanja da joj je dosta. Oči su joj bile u suzama, a usne drhtale. On se samo nasmeja i izvadi svoj ud koji ovaj puta prodre u unutrašnjost vagine bez velikog napora.

Kod žene u beloj mantiji su redom dolazili i ostavljali poklone. Zatim su silazili dole i čekali dok devojka bude spremna za njih.

Gledali su i uživali u sceni. Miškarac je nabijao svoj penis snažno i do kraja. Ona je zbacila glavu, a na vratu su joj poiskakale žile. Kad je on završio, već pretposlednji od ukupno sedamnaest u crnom je bio kod žene na prestolu.

- Ja sam doneo ovu zlatnu narukvicu – kaza i skide mantiju.

Nije imao jedno oko. Bio je jednostavno rođen bez njega i izgledao je užasno. Žena na trenutak skrete pogled s njega, ali se odmah povrati i nasmeje.

- Nije loše! – pa nastavi : - Ti si baš obdaren i mislim da treba da ostaneš ovde. Sačekaj tamo! – pokaza mu u stranu.

Utom dođe i poslednji u crnoj mantiji, pa pošto da svoj poklon i pokaza se ženi, on siđe dole kod ostalih.

Žena u beloj mantiji ustade tad sa svoje stolice i potraži nešto unutar jednog kovčega,koji je bio nedaleko. Kad izvadi masku iz njega, ona priđe čoveku što ga je odvojila i stavi mu na lice. Sad više nije bio rugoba, već divan momak kome se polni organ tako značajno uzdizao uoči boja. Kad ga udesi, ona siđe stepenicama i priđe devojci. Pogleda je. Jecala je i drhtala. Obrati se jednoj osobi od trojice u plavim mantijama.

- Za tebe imam nešto, tamo! Idi i uzmi, koliko hoćeš! – kaza a onda se obrati masi:

- Hajde deco! Jedan po jedan, a vas dvojica – reče dvojici u plavom – održavajte red! – kaza i pope se stepenicama.

Pogleda u pravcu gde su dve prilike bile same. Baklje su škrto osvetljavale u tom uglu ali se ipak naziralo. Osoba u plavoj mantiji je skinula kapuljaču. Jasno se videla dugačka plava kosa. Bila je to žena. Ona je klečala pred muškarcem s maskom na licu i obema rukama obuhvatila njegov penis i gurala ga halapljivo u svoja usta.

U tom trenutku, dole, grbavac se popeo devojci na sto i ušao joj među noge. Ona je unezvereno ječala i pokušavala se otrgnuti, ali ruke su joj bile vezane. On proba gurnuti svoj ud u nju i pomože se rukom ali mu slast iscuri pre vremena i on osta nemoćan. Stade zapomagati u očaju a onda kao pas poče gristi po njenim grudima. Iz usta mu se razvlačila slina i ostajala onako po njoj lepljiva. Ona je iz sve snage udarala temenom glave o sto. Priđe im jedan u plavoj mantiji pa uhvati grbavca oko vrata i baci ga negde u stranu. On se otkotrlja i ostade ležati.

Sledeći je bio visok i tanak. On je odvažno prišao devojci. Ušao među noge i sve uradio kako treba. Trajao je koliko ga je i stavio unutra. I on je teško podneo neuspeh. Ležao je na curi i plakao. Onda se seti da će proći kao prethodni i naglo skoči sa nje. Odmah je navalio onaj sa kokošijim grudima i nakrivljenim ustima. Taj se popeo na nju i ljubio joj usne, ali dodirnu penisom stomak u predelu pupka i poče trljati. Sperma se odmah izli.

S gornje platforme su dopirali krici zadovoljstva. Čovek s maskom je stajao naslonjen na stenu a ženu je navlačio na svoj ogoljeni penis, držeći je oko struka. Ona je zbacila sa sebe mantiju i moglo se videti da je izuzetno zgodna ali jake građe. Uživala je u udarima koji su joj drobili matericu. Zagrlila je partnera i krenuli su orgazmi. Ona oseti potrebu, silnu potrebu da ga izljubi zbog njegove postojanosti i svuče mu masku.

Krik užasa prolomi se dvoranom. On se preplaši, ali je nastavi navlačiti još jače. Žena krete desnom rukom na njega, ali se predomisli. Ta strana joj bi odvratna i za udariti. Ona zamahne levom i odvali ga u oko. Od siline udaraca on zviznu temenom u stenu i na trenutak izgubi svest. Ona spadne sa njega dole i pokosi ga nogom. Poluonesvešćen i bez vida, on se ne dočeka rukama, već razbi čelom o pod. Krv poče prskati sa posekotine na čelu, ali nju ne zadovolji ni to. Zgrabi ga za kosu i podiže. Stade ga vući ka unutrašnjosti dvorane. On se saplitao nogama i ječao od bola. Glava mu je bila u krvi. Kad stigoše do ivice, ona krete da ga baci dole.

- Ne, stani! Nemoj! Ostavi ga! – vikala je žena u beloj mantiji. Ona je bila u blizini. Sve se tako brzo odigralo da nije ni stigla reagovati, mada je uživala u sceni.

Ova spusti čoveka kome beše i to jedno oko što je imao, zatvoreno. On pokuša pobeći, ali nije video. Napipa stepenik rukom i krete brže-bolje nadole puzeći. Izgubi ravnotežu i prevrte se na leđa. Kad se pribra malko, on otpuza negde u mrak i tamo osta. Dve žene su stajale iznad i posmatrale scenu.

- Koliko je još ostalo nesrećnika? – upita ova u beloj mantiji.

- Trojica! Idu dosta brzo! – kaza druga.

- Da, veoma brzo! – dodade prva.

Malo posle, i poslednji je bio na devojci. Ona je odsutno gledala negde u stranu. Modrice na dojkama i telu, jasno su se ocrtavale. Ne samo to. Već je bila izgrebana po vratu, a na jednom obrazu se očitavala rana od ujeda iz koje je kapala krv. Na nekoliko koraka od nje, sa leve i desne strane su stajala dvojica momaka u plavim mantijama. Posmatrali su ovog poslednjeg koji je devojci dopirao do nešto više iznad pupka. Kao po komandi i za divno čudo, ni glas se nije čuo ni od koga. Jedino se nazirao čujni efekat prolaska stranog tela kroz vlažnu vaginu i udarci korena penisa o venerin breg. To potraja duže no očekivano a kad patuljasti čovek oseti da će ejakulirati ubrzo, on izvadi svoj polni organ i uspuza se po partnerki do njenih usta sa njim. Cura na vreme zatvori usta i okrete glavu, ali je sperma mlazovima poprska po usnama i obrazu. To delova kao vrhunac užasa za nju i ona poče okretati glavu na jednu i na drugu stranu. Pokušavala se otrgnuti rukama ne bi li obrisala taj ljigavi sadržaj sa lica.

Strava je izobliči u potpunosti. Na trenutak ona otvori usta te joj se sperma razvuče s jedne usne na drugu kao rastopljeni sir. Devojka stade pljuvati u onda zagrca i onesvesti se.

Potom se svi raziđoše. Osta samo cura na stolu, još uvek bez svesti. i žena u plavoj maniji. Baklje su gorele osvetljavajući prostoriju. Žena joj priđe i odveže ruke. Tad je namesti u sedeći položaj i sleđa joj okrete glavu.

Nakon toga ona odvuče njeno beživotno telo, nekud u mrak.

####

Sećam se seoskih vašara iz vremena dok sam bio još dečak i jedne situacije kada Ciganin doziva preko snažnog razglasa u svoj, na brzinu sklepan šator, ubeđujući okupljeni narod da može da vidi čudo i devojku zmiju, naravno ako plati za to.

Njegova i, poslednja rečenica je uvek bila upozorenje da se ljudima slabog srca ne preporučuje ulazak u šator! Sve je ipak vešto smišljena prevara i tu nema nikakve devojke-zmije, ali i poslednja rečenica upozorenja je i najbolja reklama, koja baš poziva ljude u šator bez obzira na to da li je u nekoga slabo srce.

Verujem, čitaoče, da nisi postupio poput naivka sa vašara i mada si na trenutak zavirio u pećinu, imao si mogućnost da na vreme izađeš i ne prisustvuješ scenama koje mogu činiti ljudi veoma izopačenog uma!

U Italiji ima oko 650 raznih satanističkih sekti a upoznali ste se s jednom od njih.

Sada vas prepuštam priči i njenim junacima! Slobodno se opustite poput putnika u avionu, kojem kapetan letelice po poletanju govori da je na putu lepo vreme a vi iz njegovog smirenog glasa verujete da će vaš let završiti onim tako dragim rulanjem točkova aviona po pisti.

Na kraju, verujte meni, upoznaćete se sa Belom Lunom!

####

XIX

Od poslednjeg viđenja Anđele i Romana Sandoze je prošlo mesec dana. Romano je pokušavao da odgonetne šta se to dogodilo s njim da je iznenada počeo da se koleba po pitanju iznude novca od nje.

- Ja sam takva budala! – mislio je u sebi. – Zar da dopustim njoj, koja je više no duplo mlađa od mene, da me ovako izradi?

On pogleda na časovnik u svom stanu. Bilo je vrame da krene. Tog poslepodneva je zakazao sa Anđelom sastanak preko Alda.

Taksi je pristigao i Romano ču zvuk mašine koja je brujala. Istrča iz kuće i pre no što sede na zadnje sedište vozila, on pogleda u radnju. Aldo je vredno radio. Imao je Sandoza poverenja u njega.

- Ovaj put ću biti odličan. Uostalom kao što sam uvek i bio! – razmišljao je Romano sve vreme dok ga je taksi vozio gradom. On stiže na zakazano mesto.

U bašti restorana, među alejama cveća i vinove loze, poput antičke boginje ljubavi, sedela je Anđela. Komplet od tvrdog štofa sa suknjom do iznad kolena i sakoom - bio je lično njena kreacija i zamisao. Suknja je bila sastavljena od narandžasto-crvenih uzdužnih štrafti, koje su bile vezane crnim grubim šavovima od kože. Sako je bio isti takav, ali bez grubih crnih šavova, a ispod sakoa je imala jednostavnu pamučnu majicu crne boje. Čizmice koje je nosila bile su plitke i takođe crne boje.

Kad je to sve kao kreaciju bila predložila gospođi Gattoni, ova se zapanjila. Mislila je da je neukusno. Ipak, želju joj je ispunila. Anđela je lično otišla u fabriku da ga obuče i tad je sve koji su s podsmehom doživljavali ovu kreaciju za dolazeću jesen iznenadila.

- Dobro veče, Anđela! – kaza Sandoza, pošto priđe stolu za kojim je udobno zavaljena, sedela ona.

- Zdravo Romano! – odgovori mu Anđela uz osmeh koji joj gotovo uopšte nije silazio s lica. A kad bi se to i dogodilo, onda su joj se oči smejale.

Romano Sandoza je stajao do stola i gledao u nju, a ova mu pokaza rukom da sedne.

- Interesantno si se obukla za večernji izlazak! – reče Romano Sandoza više da bi započeo razgovor.

- Sviđa ti se moj komplet? Reci! – obrati mu se ona.

- Nekako je čudan i mogao bih reći da mi se čak ne sviđa, ali ti si lepša no ikad – kaza Romano uzevši jelovnik u divnim koricama od rezbarenog drveta, sa nazivom restorana, te ga pruži Anđeli kavaljerski.

- Poenta u odevanju je otprilike kao i u šminkanju. Treba istaći ono lepo, a ne ulepšavati ružno – kaza Anđela.

- Trebalo bi da pređemo na stvar! – kaza Romano odlučno.

- Pretpostavljam da je to večera? – dodade Anđela i dozva konobara.

Oni naručiše hranu.

- Šta želite za piće? – upita ih konobar.

- Ja bih htela vino. Belo vino i da je dobro – kaza Anđela, te pogleda u Sandozu koji joj klimnu glavom, saglasno.

Pošto konobar ode, Anđela odmeri Romana i veselo, uz rumenilo u licu, nastavi:

- Još kao devojčici, tata mi je davao da pijem vino, ali ne mnogo. Tada mi se jezik razveže i ja počnem da pričam i uveseljavam.

- Pa da. Vino je božansko piće i otvara put istini – dodade Romano Sandoza.

- Tako nekako. Čovek se opušta i nestaju barijere koje ga sputavaju da bude onakav kakav zaista jeste – kaza Anđela i zastade pošto konobar donese flašu belog vina iz podruma. Očigledno, sloj fine prašine na boci je nastao zbog godina provedenih u podrumu restorana.

Konobar otvori flašu i naspe u čašu tek toliko da prekrije dno pa doda Sandozi da oproba ukus. Ovaj znalački promulja ustima vino i odobri konobaru da im može sipati u čaše. Hrana je ubrzo bila na stolu dok je iz skrivenih zvučnika u zelenilu dopirala tiha muzika za veče.

- Moram ti nešto kazati, Anđela! Ova tvoja igra ne može potrajati još dugo. Saznaće se ko si i onda neće biti dobro po tebe! – kaza Sandoza tiho, osvrnuvši se za trenutak okolo, jer se restoran počeo puniti gostima.

Anđela proguta zalogaj. Ispi gutljaj vina i doda:

- Plašiš li se za mene ili si tu ugradio i sebe?

- Pomalo sam ugradio i sebe, ali bih još da se ugradim ako ti nemaš ništa protiv toga – kaza Sandoza.

- Ipak... Nisam shvatila! – reče Anđela.

- Jednostavno, ti si mlada žena i bez nekog velikog iskustva a kamoli znanja o komplikovnim stvarima u životu. Zato bih ja da ti se nađem pri ruci i pomognem pre no što bude kasno za to.

- Kako lepo zvuči! Da li je to u tebi proradio očinski instinkt, ili je pak motiv nešto drugo?! – kaza Anđela osmehnuvši se.

- Mlada si, lepa i bogata! Zar treba tragati za motivom? – odgovori joj Sandoza.

- Šta u stvari ti hoćeš od mene Romano? – upita ga ovaj puta ozbiljno Anđela.

- Kad bolje razmislim, onda je to novac. Pare rešavaju sve moje probleme – kaza Sandoza.

- Da, ali meni stvara probleme, kao što već vidim – reče Anđela, sad već veoma ozbiljna u licu, preko kojeg je u trenu pala mračna zavesa.

Romano Sandoza je uzeo parče papira i hemijskom napisao cifru. Pruži to Anđeli.

- Romano! Sve si pokvario! Verovala sam da je ovo veče zapravo početak naše veze. Polakomio si se za pare, a mogao si imati i više od novca. Muka mi je od tebe! – reče mu Anđela blagim tonom.

- Anđela! Možemo mi...! – poče Romano.

- Da, mogli smo, ali nećemo! – prekide ga ona i ustade.

- Ne odlazi! Čekaj! – poče je zaustavljati Romano Sandoza.

- Dobićeš te pare, Romano! Da znaš da ćeš dobiti! – odgovori mu Anđela i ode do šanka restorana. Tu pronađe konobara i plati mu račun te izađe.

Sandoza napusti restoran nešto posle nje. Krete peške. Osećao se odvratno. Odjednom je bio sam a nije morao biti sam.

- Opet sam bio budala! – mislio je. Da sam bio malo taktičniji i odveo je kod sebe u stan! – govorio je sam sa sobom i išao. – Oh blagi Bože! Ne mogu ni zamisliti. Zar da takvu priliku propustim!? – pomisli i tad naiđe taksi.

On ga zaustavi. Kretoše. Vozili su se gradom a Sandoza je zamišljao Anđelu pored sebe na sedištu.

- Avaj, to je samo mašta i pusta želja, koja bi toliko blizu!

Stadoše prekoputa njegove radnje. Tu gde onaj deda pije pivo iz krigle na slici. Sandoza požele to isto i uđe. Hteo je da se opije i da zaboraviti tu prekrasnu ženu koja mu je nestala, mislio je, zauvek. Priđe šanku i naruči kriglu velikog piva. Popi je gotovo na eks. Zatraži još jednu. I nju popi. Kad stiže treća, on ispi nekoliko gutljaja i tek tada pogleda okolo sebe. Za šankom, nešto dalje od njega, sedela je Anđela.

- Otkud da ste toliko žedni, gospodine Sandoza? Mora da ste dobro večerali! – kaza ona. Smešila mu se.

- Ah, snovi! Pusti snovi! – pomisli i stade ispijati pivo.

- Sem što ste materijalista, vi ste i alkoholičar! – ču on sa strane.

Bio je to Anđelin glas. Nije mogao verovati. On viknu njeno ime. Okrete se. Ona ga je gledala. I ne samo ona. Svi su ga gledali. To je bio trenutak koji se događa često na javnim mestima. Jedna osoba u momentu privuče pažnju svih.

Sandoza shvati to i bi mu nelagodno. Tad on uze Anđelu za ruku i krete, ali zastade. Izvadi novčanicu, veću no što je trebalo i baci krčmaru. On povuče Anđelu van krčme i van domašaja radoznalih pogleda.

- Anđela, molim te! Oprosti mi! Sve ću učiniti za tebe i neću pare. Hoću samo tebe! – kaza što je brže mogao i htede je privući, pošto ju je držao za ruke, ali mu ona ne dopusti.

- Vi ste pod kaznom, gospodine Sandoza, i neću vas oslovljavati sa " ti " sve dok ne budem sigurna da ste se popravili – kaza Anđela.

- Ali, šta treba da učinim? – upita on, a tada ona prinese usne nadomak njegovih.

On joj poče ljubiti usne iz kojih je prskao sok slasti kao iz sočne jabuke kad se zagrize. Jezici im se dodirnuše i zapletoše i tad se ona odvoji.

- Dosta je bilo! Nisi zaslužio više! – kaza i krete svojim putem.

- Anđela! Ne ostavljaj me ponovo! – viknu za njom Sandoza.

Nije se osvrtala. Pratio ju je pogledom. Kad je zaustavila jedan taksi i on krete prekoputa, kući. U radnji je bio mrak. Aldo je već odavno otišao. On se pope u svoj stan stepenicama i kad uđe, natoči sebi čašu viskija i dodade led. Sede na sofu i ispi gutljaj. Ustade i uključi televizor.

Zvono na vratima zazvoni.

- Ko bi to mogao biti!? – pomisli i požuri da ih otvori.

Zračak nade mu osvetli lice. On otvori vrata i ugleda žensku priliku. Tad mu prođe bol kroz glavu. Užasan bol bez kraja. Krete mu mučnina iz želuca i svet se ugasi za njega.

XX

Lep je sunčan dan. Otprilike negde oko podne. Policijski helikopter je tutnjao kroz prostor punom brzinom. Kretao se sa juga na sever Italije. Dvojica inspektora na zadatku i pilot. Niko više.

- Kad su otkrili da je ubijen taj fotograf? – upita stariji inspektor mlađeg, koji je vredno već češljao neki izveštaj sa telefaksa.

- Jutros rano. Otkrio je to njegov pomoćnik, kad je došao na posao – odgovori mlađi inspektor.

Stariji inspektor se zamisli i uze na trenutak izveštaj pa kaza:

- Moramo ispitati tog pomoćnika jer je moguće da on nešto viže zna. Vidiš, Anđela je poznavala i Stefana i tog fotografa Sandozu. Obojica su mrtva.

- Ne samo to. - dodade mlađi inspektor.

- Šta još? – upita drugi.

- Zar i ona devojka sa Sicilije, Wanessa, nije vezana opet za Anđelu? – kaza mlađi inspektor.

- Zaista! Zaboravih na to. Da li je obaveštena njena familija? – upita glavni inspektor.

- Wanessa je od familije imala samo baku koja je u staračkom domu. O njoj niko nije vodio računa - pa samim tim ni primetio njen nestanak – dodade mlađi inspektor.

Helikopter je stizao u grad. Počeo je usporavati i spuštati se. Tad napravi nekoliko naglih zaokreta i napokon se spusti pokraj autoputa. Tu su već čekali policijski automobili, a iz jednog od njih izađoše kolege inspektori i rukovaše se sa ovom dvojicom, te ih povedoše kolima.

- Kud idemo sada? – upita stariji inspektor svog kolegu iz grada.

- Idemo na imanje Gattonijevih. Identifikovali smo osobu s kojom je ubijeni Romano Sandoza proveo veče, uoči ubistva.

- I ko je to? – upita ovaj.

- To je devojka koja se vodi kao nestala. Iz vašeg kraja je. Zove se Anđela Viskonti - kaza inspektor iz grada; onda malo poćuta, te dodade

- Zato smo vas i pozvali!

- A tako! Na tragu smo joj napokon! – kaza inspektor iz njenog mesta.

- Nije to sve. Gattonijevi su fabrikanti, a ona je tamo kao Wanessa. Pod lažnim imenom je – kaza inspektor iz grada.

Tri policijska auta pristigoše pred kuću Gattonijevih. Izađe sluga. Na stepenicama dočeka inspektore.

- O čemu se radi, molim vas? – upita on.

- Imamo nalog za pretres kuće, jer tražimo Anđelu Viskonti – kaza inspektor.

- Takva ne postoji ovde – odgovori mu sluga.

Inspektor se zbuni na trenutak, pa nakon kraće stanke i konsultacija sa drugim inspektorom, kaza:

- Mi tražimo zapravo Wanessu Gattoni. Da li je ona tu? – upita inspektor.

- Da, ona jeste tu. U svojoj spavaćoj sobi. Dadilja samo što je otišla nekud. Ali, mogu li videti nalog za pretres? – upita sluga.

- Izvolite! – pokaza mu.

- Hm! – kaza zlovoljno sluga i pokaza im da pođu za njim.

Kad priđoše vratima na prvom spratu Anđeline sobe, sluga pokuca.

- Gospođo! Neka gospoda vas traže! – pa pokuca još jednom.

Dvojica inspektora su postajali nestrpljivi. Sluga to vide pa pokuca jače. Ne javi se niko. Sluga htede otvoriti, ali brava se nalazila jedino sa unutrašnje strane. On pogleda inspektore i sleže ramenima. Jedan od njih pokuca žestoko, ali ništa. Onda još jednom, ali ne dobi odgovor. Nije se moglo više čekati. On se zaleti i nogom otvori vrata. Upadoše u sobu. Niko ne beše u njoj. Jedino je vatra dogorevala u kaminu. Pojuriše u drugu sobu, ali ne nađoše nikoga. Oni pogledaše u slugu.

- Bila je tu. Znam dobro. Doručkovala je – kaza sluga.

- Ovaj prozor je otvoren! – viknu jedan inspektor.

Oni pojuriše tamo. Bilo je prilično visoko, ali ne i nemoguće uz mnogo sreće i pobeći odatle. Jedan inspektor je već davao instrukcije, radio-stanicom ovima dole.

- Ko je sve bio u sobi? – upita drugi inspektor.

- Gospođa i dete - odgovori sluga

- Pa zar je mogla pobeći kroz prozor sa detetom? – dodade inspektor u čudu.

Oni istrčaše napolje i pozadi kuće. Još nekoliko policajaca se rastrčalo, ali ni nakon pola sata pretrage, begunci nisu uhvaćeni. Čule su se sirene policijskih vozila u daljini. Blokirali su imanje sa svih strana već vrlo brzo. Stigli su i psi tragači, a helikopter i desetine policajaca su češljali svaki pedalj imanja.

Gospođa Gattoni je stigla iz fabrike. Bila je sva u šoku. Nije mogla verovati šta se ovo dešava. Anđela kao da je u zemlju propala. Nije bilo ni traga od nje. Psi su ulazili u kuću i njuškali, ali ništa. Pretraga terena nije dala rezultata, a mnogobrojne patrole ni detaljnim pregledom vozila i svega što se kreće, nisu otkrile bilo šta vezano za Anđelu sa detetom. Pao je mrak. Policija je ulazila u kuće i stanove te noći, gde god su znali ili pretpostavljali da se Anđela može kriti. Zorom su već svi bili umorni. Dva inspektora sa juga Italije, svratila su na kafu u jedan cafe bar, ne bi li se okrepili.

- Ponovo nam je nestala! – kaza glavni inspektor.

- Ne bi me iznenadilo da je opet pronađu zapaljenu, a da se potom ustanovi da to nije ona – kaza drugi.

- Zaboravih da te upitam - reče glavni inspektor, zamisli se i nastavi:

- Ono pismo na listu Mirelinog spomenara... Čiji je rukopis? – upita.

- Ispitao sam to. Juče su stigli rezultati. Anđelin je rukopis – kaza mlađi inspektor.

- Zar sam mogao i pomisliti da može biti drugačije? – upita sam sebe glavni.

U tom trenutku se jedan policijski auto približavao i kad se vozač uverio da su to njih dvojica u izlogu bara, on stade. Izađe iz auta ogroman policajac. Uđe unutar bara, pa im priđe. Dobroćudno se smeškao.

- Rekli su mi da ću vas pronaći ovde ako zatreba – kaza grubim glasom.

- Da li je zatrebalo? – upita mlađi inspektor.

- Pronašli smo nedaleko od grada leš. Spaljen je. U pitanju je izgleda neka devojka – kaza policajac i bi mu čudno kad se ova dvojica pogledaše u čudu.

- To je sve, zar ne? – kaza stariji inspektor i poče se spremati da krene.

- Nije to sve. Ima još! – kaza ogromni policajac i malo se pokunji jer mu bi neugodno, pa će:

- Jedan advokat vas čeka u stanici policije, pa vas molim da pođete sa mnom.

- Advokat! Šta li to može biti? – kaza više za sebe stariji inspektor.

Ubrzo su bili u policijskoj stanici.

- Dobro jutro, gospodo inspektori! – kaza im debeljuškasti oniži čovek.

Onda postavi svoju акт-tašnu na policu i otvori je, izvadi jedan koverat zapečaćen, pa nastavi:

- Vi ste inspektori na slučaju sada pokojnog Romana Sandoze? Bio je moj klijent. Pre nešto više od nedelju dana mi je ostavio ovaj koverat na čuvanje s tim da ga predam policiji u slučaju da se njemu nešto dogodi.

Inspektori uzeše koverat. Advokat zahvali i ode.

- Šta bi to moglo biti? – kaza stariji inspektor i poče otvarati koverat.

- Verovatno je Sandoza nešto naslućivao! – dodade mlađi.

- Ovo su neke slike. Aha! Anđela je na njima. Da vidimo šta piše na poleđini? Da, evo! – poče čitati, a pisalo je:

Anđela Viskonti, sad pod lažnim imenom Wanessa Gattoni, adresa: imanje Gattonijevih.

- Vidi, vidi! – Mislim da se radi o uceni. Romano je ucenjivao Anđelu, jer je znao ko je ona. Ona mu je možda pretila pa je hteo da se osigura – kaza stariji inspektor.

- U redu to, ali zašto su se ljubakali iste večeri uoči njegovog ubistva? Oni iz pivnice su to videli. – dodade mlađi inspektor.

- Možda je igrala dvostruku igru? Jednostavno je htela da dobije na vremenu. Ako ga je ona ubila, onda je to bilo neoprezno i suludo od nje.

- Ne verujem da je toliko glupa i tako neoprezna. Da je htela, mogla je to učiniti i pre no što su viđeni zajedno – kaza glavni inspektor.

- Ona je imala motiv da ga ubije, bar za sada! – kaza mlađi inspektor.

- Ko to zna? – odgovori stariji.

Tad krenuše put mesta gde je nađen spaljen leš devojke. Dan im je počeo uzbudljivo.

Policijske patrole su nastavljale češljati grad, ne bi li pronašle jedinu osumnjičenu osobu, koja je prosvirala metkom glavu fotografa Sandoze.

XXI

Nekada davno, za starog Rima, živeo je plemić koji imađaše mladu ženu. On je bio snažan, hrabar i bogat. Odlazio je često da ratuje za imperiju, a potom se vraćao još bogatiji i moćniji. Žena mu je bila izuzetno lepa, naprosto divna i naravno neverna. Jednom joj on rečej da ide u rat, poslednji put. Nakon toga, biće i ostaće zauvek uz nju, jer se, kako reče ona žrtvovala i bila mu odana za njegova vojevanja. Nju to prenerazi. Zgrozila se od same pomisli da će ostatak života provoditi samo sa njim. Tad ona smisli i predloži mu:

- Dragi moj, ti znaš koliko ja tebe volim i da mi teško pada svaki rastanak s tobom. Jedva čekam da se jednom vratiš i budeš sa mnom do kraja života. Ali ova naša kuća je već stara i ja bih htela da nam izgradim novu, pa kad ti dođeš da uživamo zajedno u njoj.

Plemića to oduševi i on se razgali od tolike njene ljubavi, te joj odobri mnogo para i robova za izgradnju kuće. Tri godine dana ga nije bilo, a kad se vratio, čekaše ga nova velika građevina. Oni su živeli tako u ljubavi i sreći do kraja života. Jednu pojedinost plemić nikada nije saznao. Dok je gradila kuću, njegova žena je izgradila i tajni prolaz iz svojih odaja. Bila je lukava i smislila je to vešto. Noću kad joj muž zaspi, ona je odlazila i vraćala se pred zoru. Svedoke o tajnom prolazu nije ostavila.

Radnici i robovi su pobijeni pre no što joj se muž vratio iz rata

- Eto, tako je to bilo i dobro nam je poslužilo – završi besedu čiča Donovan.

Nadomak njega, u istoj prostoriji, zavaljena na kauču pored kreveca sa malim detetom, sedela je Anđela. Pored kaveza na malenom razboju je dremao papagaj Boby, jer bilo je kasno uveče a on umoran od povišenog stepena nestašluka. Naime, već treći dan od kako su pridošlice kod njega i dede u kući, on ne prestaje da fijuče i ponavlja reči bez veze. Umukne jedino kad dete spava.

Da li misli da je to učtivo ili ga pak nervira plač maloga? Ko zna? To je predmet za ispitivanje stručnjaka.

- Kako ste vi, čiča Donovane, saznali za taj prolaz? – upita Anđela, vidno smirena, jer je idila doma pružala sigurnost.

- Kao dečak sam bio veoma radoznao, uostalom kao i sva deca. Tumarao sam gde god sam stigao, a između ostalog često odlazio i na tavan ove kuće. Tamo sam provodio mnogo vremena i gledao sliku svoje majke. Neko ju je naslikao uljem na platnu dok je bila još živa – ispriča čiča Donovan, a videlo se da ga je sećanje na to pogodilo.

- Ne razumem! Zar se takva slika čuvala na tavanu? – dodade Anđela.

- To je ono što kao mali nisam shvatio. Othranili su me baba i deda, ali roditelje nisam zapamtio. Očeva slika se normalno nalazila u kući na vidnom mestu a majčina gore na tavanu. Ja sam se često bunio zbog toga i želeo sam da se ta nepravda ispravi, ali bez uspeha – ispriča čiča Donovan.

- Šta se dogodilo sa tvojim roditeljima? – upita ga Anđela.

- Otac mi je umro u zatvoru, a majka u bolnici. Baba i deda su mi govorili dok sam još bio mali da je moja majka bila zla i da je kriva što mi je otac morao u zatvor, gde je od tuberkuloze i umro – kaza čiča Donovan.

- Da li je to bila istina? – upita Anđela.

- Ne, nije! Kad sam odrastao i saznao pravu istinu, onda sam sliku svoga oca odneo na tavan, a majčinu doneo i postavio tamo gde joj je i mesto. Otac je bio kriv za majčinu smrt i zaslušio je da ode u zatvor! - reče čiča Donovan.

Ustade. Izađe iz sobe i ubrzo se vrati sa povećom slikom u rukama. Slika je bila u divnom ramu od drveta na kojem se s vremenom uhvatila prašina. Dade je Anđeli u ruke.

- Ovo je bila vaša majka! Prelepa je! Kako se zvala?- ushićeno će Anđela.

- Selena. Imala je godina koliko i ti kad je umrla – kaza čiča Donovan.

- Oh! Bože! – Anđela naglo prebledi u licu i uhvati se za čelo. To potraja duže.

- Šta ti je, Anđela? Zašto te je to pogodilo? Tragedije se događaju, takođe i nepravde. To je život. Kasnije se to sve ispravi. Prođe dosta vramena, ali pravda ipak pobeđuje.

- Žao mi je, čiča Donovane! – kaza Anđela. Povratila se od šoka.

- Elem, da nastavim priču o tajnom prolazu!? – kaza čiča Donovan pošto uze sliku i odloži je uza zid.

- Može! – dodade Anđela, sad već ponovo rumena u licu i raspoložena. Namestila se udobnije na ležaju i pripremila da sluša.

- Tako sam na tavanu jednom pronašao neke spise vezane za period drevnog Rima. Na osnovu toga sam i pretpostavljao mogućnost postojanje tajnog prolaza. Kasnije sam koristio istorijsku građu iz muzeja i saznao lokaciju. Po venčanju sa gospođom Gattoni, mi smo kupili to imanje. Dok još nismo počeli graditi, ja sam tragao za tim prolazom. Pronašao sam ga i tek potom sugerisao arhitekti oko izrade plana za kuću – kaza čiča Donovan.

- To sa kaminom je tako originalno da je naprosto neverovatno otkriti prolaz – kaza Anđela, pa zastade malo.- Još ako ima vatre i žara!

- Onaj dan je bilo žara! Zar ne? Hladno je. I ko bi pretpostavio da je tuda, bilo kuda, moguć beg – reče čiča ponoseći se izumom.

- Kad sam prethodni put bila kod vas i dobila ovaj koverat, već sutradan sam to proučila i isprobala! – reče Anđela.

- Isprobala!!! – iznenadi se deda.

- Kako da ne! Bila sam radoznala i predosećala sam nešto. Kad nije bilo Patricije u mojoj sobi, onda sam to uradila. Tajna više nije tajna kad dvoje znaju. Prišla sam kaminu. Bilo je vatre u njemu. Tad sam učinila ono što je pisalo u koverti – ispriča Anđela.

- Je si li ulazila unutra? – upita deda znatiželjno.

- Ne, nisam. Plašila sam se da neko ne naiđe. Pre neki dan, kad je došla policija i na svu sreću se zadržala nešto duže na ulazu, ja sam ih primetila i na brzinu spremila dete i uzela sebi i njemu najpotrebnije. Kad je prvi put zakucao sluga na vrata, ja sam tek onda pritisnula potrebnu kombinaciju za alarm i lanci za koje sam mislila da su ukrasi se zategoše – prisećala se Anđela.

- Da li te je bilo strah? – upita čiča.

- Naravno da me je bilo strah. Postolje unutar kamina sa vatrom se sporo dizalo. Ipak sam uletela sa malim unutra i pritisnula sa unutrašnje strane istu kombinaciju po uputstvu. Gotovo da se nije spustilo do kraja, a oni su razvalili vrata i bili u sobi. Ja sam se našla u potpunom mraku i stvari koje sam imala popadaše na sve strane. Čula sam glasove, ali slabo, a mali je počeo plakati i ja požurih stepenicama nadole u tamu – reče Anđela.

- Zar nisi pronašla prekidač za svetlo? – upita je Donovan.

- Ma kakvo svetlo! Sve i da sam znala gde se uključuje ne bih ga smela upaliti. Nekako sam napipala svoju torbicu u kojoj imam malu baterijsku lampu i tim osvetljavala koliko-toliko put kojim smo išli. Onda kad shvatih da mi je torba višak u onom uzanom tunelu, ja je ostavih i požurih napred. Išli smo dugo. Nosila sam malog koji je plakao. Mislila sam da nema kraja, a u podsvesti sam i želela da kraj tunela bude što dalje od mesta u kom me traže.

- Ipak, stigla si do kraja prolaza? – upita čiča Donovan.

- Svakako! Ali mi nije ni na kraj pameti bilo da ću se naći u kućici sa sedam patuljaka – dodade Anđela.

- Je si li se zadržavala tu? – upita deda Donovan.

- Ne, ni najmanje! Znala sam da sam u prednosti i zato sam istrčala odmah napolje. Krenula sam u pravcu rečice i već čula sirene policijskih kola koja dolaze na imanje. Tad sam se izula i pregazila vodu, pa potrčala ponovo preko proplanka u novu šumu. Ubrzo sam naišla na nekoliko kuća i u ulicu. Tu su neki ljudi čekali gradski autobus i ja im se pridružih. Trudila sam se da izgledam smireno, a policijske sirene su bile sve bliže i dolazile sa svih strana. Jedna kola projuriše i pored nas, ali i autobus pristiže i ja uđoh unutra sa ostalima. Laknu mi sa srca. Kroz prozor autobusa sam primetila da policija blokira put kojim sam ja trenutak pre prošla. Čuo se i helikopter – ispriča ona.

- Kuda je autobus vozio? – upita deda.

- Nije mi to bilo bitno. Važno je bilo odvesti se što dalje, a kad autobus stiže u gušće naseljeno mesto, ja izađoh – kaza ona.

- Zašto? – upita Donovan.

- Pošto sam videla nekoliko parkiranih taksi vozila, uzela sam jedno i dovezla se blizu ove ulice. Nedugo zatim sam našla vas – ispriča Anđela.

- Dobro, Anđela. To je prošlo i videćemo šta i kako dalje. Sada spavaj, a sutra me neće biti tu do posle podne. Ti se osećaj komotno i sve ti je dopušteno, sem da otvaraš malena vratašca od metala u prizemlju! – kaza joj deda.

- Šta ako ih otvorim? – upita Anđela začuđeno.

- Onda izlazi moja ljubimica! – kaza deda smireno.

- Neću ih otvarati! Budite sigurni u to! – doda Anđela.

...

Negde u isto vreme, na drugom kraju grada, u kući Gattonijevih je uobičajena atmosfera. Uostalom, u kućama bogataša nije uobičajeno ako se ništa vanredno ne dešava. To je danak imetku na čije stubove se naslanja civilizacija.

Šta je civilizacija?

Civilizacija je kontrolisana egzistencija živog sveta na planeti, kojom dominira najrazumnija vrsta. Ako se postavi pitanje ko to civiizaciju kontroliše, onda se podrazumeva da su centri moći u rukama velikog kapitala. Usled globalizacije kapitala on postaje veći, a centri moći odlučuju gotovo o svemu, počev od rata i mira pa do flore i faune. Čak su u stanju pomeriti planetu Zemlju, ako to hoće i promeniti klimu gde to žele. U njihovim rukama su političari preko kojih oni imaju policiju i vojsku i tako obične ljude što se bore za goli život.

A gospođa Gattoni ima pune ruke posla u fabrici, jer kapital zahteva kontrolu i uvećavanje, a to je klupko bez kraja. Tada vlasnik postaje rob sopstvenog imetka i sentimentalna zbivanja, uključujući privatnost, odlaze u drugi plan. Zato je ona pre no očekivano, zanemarila zbivanja u kući i oko nje, a vezano za Anđelu i malog dečaka.

Ona je upravo stigla iz fabrike, ali iako prilično kasno, ne kaza slugi da se pobrine za vozilo, jer izgleda da je nameravala ponovo da ode nekud.

- Trebalo bi da se odmorite, gospođo – reče sluga dok je postavljao sto za večeru.

- Nemam vremena za to! Uostalom, kad sebi dam oduška onda počinjem misliti o svemu, a to bi me izludilo – reče gospođa Gattoni, sedajući za ogroman trpezarijski sto.

- Da postavim samo za vas? – upita sluga.

- A koga mi to imamo još? Ah. Da, Patricija! – priseti se – Zar nije večerala? – upita slugu.

- Nije. Utučena je. Zvao sam je, ali nije vredelo – kaza sluga.

- Pozovite je! Insistirajte da dođe, jer ja to želim! – kaza, gotovo naredi gospođa Gattoni.

Nije prošlo nekoliko minuta. Patricija je bila za stolom. Brisala je suze maramicom.

- Ne znate koliko mi je teško zbog svega ovoga što se dogodilo u vašoj kući. Gotovo dve godine smo živeli sa osobom za koju nismo znali, ko je ona u stvari. – kaza Patricija.

- Ne znam šta da kažem na to. Ipak, tri stvari su izvesne! Prvo, ko god da je, bila mi je snaja, uz to i draga. Ono dete na samo da liči na Niccola, već se i ponaša kao on. To ne može biti slučajno! A treće i vrlo važno je to da ona ima smisla za kreativnost – kaza gospođa Gattoni i prihvati se večere.

Patricija malo sačeka i u predahu zalogaja dok je gazdarica ispijala čašu piva, upita je:

- Kako to mislite za kreativnost?

- Onaj komplet što je sama kreirala i kojem smo se praktično svi podsmevali je postigao ogroman uspeh. Saleću me poslovni partneri i novinari, jer će izgleda taj stil biti moda za narednu godinu – ispriča gospođa Gattoni.

- Zar biste je ponovo primili kod sebe? – upita Patricija iznenađeno.

- Zvala se ona Wanessa ili Anđela, to mi nije važno. Ja sam je upoznala kao ličnost i zavolela kao takvu – odgovori joj gospođa Gattoni.

- Ali, ako je ona ubica? – doda Patricija.

- Postoje ljudi koji su slični pacovima! Jednostavno štetočine! Ubiti pacova je veći greh no ubiti takvog čoveka, kojeg i ja nažalost znam. Pacov nije svestan toga šta čini pa nije ni odgovoran za štetu koju učini, mada je štetan i zato ga treba utamaniti. Za razliku od pacova, čovek štetočina zna šta čini i svestan je odgovornosti – ispriča gospođa Gattoni.

- Vi ste poznavali tog čoveka? – upita Patricija.

- Da, on je otac mom Niccolu! – kaza gospođa Gattoni.

- Vaš bivši muž? – upita znatiželjno.

- Ne, nije on moj bivši muž. Taj živi na drugom kraju grada i stariji je čovek – odgovori gospođa Gattoni negodujući u sebi što je i započela priču u tom pravcu.

- Po mom mišljenju nije bio moguć beg kroz prozor, sem ako nije dobro istrenirana osoba i muškarac. Anđela sa detetom to nije mogla, osim ako postoji neki tajni izlaz – ispriča Patricija.

- Još pre trideset godina sam slušala tako nešto od mog bivšeg muža, ali nije postojala ova kuća. Zaboravila sam o čemu se radi i nije me zanimalo, a da li tako nešto postoji ovde, to ne znam – odgovori joj gospođa Gattoni.

- Ja sam završila večeru i ako mi dopustite, ja bih otišla u svoju sobu i koliko već sutra pre podne napustila vaš dom, jer ne vidim šta bih radila ovde – kaza Patricija učtivo i ode iz trpezarije.

Nedugo potom i gospođa Gattoni završi sa večerom, te napusti kuću i uputi se nekud svojim automobilom. Patricija uđe u sobu gde je takoreći još juče boravila Anđela sa detetom. Oči su joj sijale nekako čudno i nestalo je one blagosti u pogledu od pre nekoliko trenutaka. Nije palila svetlo jer je uživala u mraku dok je u kaminu dogorevao panj. Znala je da demon tame čuči negde u pomrčini i čeka trenutak da opšti s njenom dušom.

Sluga je pospremio trpezariju. Ugasi svetlo i poče se penjati stepenicama na sprat. Vrata Anđeline sobe su bila odškrinuta, a odatle su dopirali uzdasi. On priđe vratima i nešto više ih otvori. Na krevetu naspram je ležala Patricija, gola dopola. Zadovoljavala je svoju ptičicu vlažnu i pohotnu. Sluga uđe i zatvori vrata za sobom. Smešio se. Svuče se i on do pola te uzme u ruku svoju nabreklu muškost. On leže na nju. Patriciji iskočiše žile na vratu od napora i stenjanja, a krv udari u lice. Sluga stade upirati u nju iz sve snage i sve brže i brže. Svaki udarac njegov je isterivao iz nje krike zadovoljstva koji kao da su se akumulirali negde unutar materice da bi se odjednom kao leva potokom izlili u orgazmu. On ne prestade s tim već je okrete na stomak i uđe otpozadi.

Patricija ga upije lenjo i kad ga primi do kraja, tad vrisnu iz sve snage. Sluga je nežno pravio pokrete stražnjicom, a ona se topila od miline. Kad on oseti da u njoj nadire erupcija zadovoljstva, tad i on ubrza kretanje stražnjicom kao da vesla. Veslao je, veslao i doveslao.

- Odlazi sada! Možda se gazdarica vrati! – reče mu Patricija strogo.

- Kada ćemo opet? – upita sluga dok se oblačio.

- Ne znam! Zavisi od tebe i ako mi nešto kažeš! – reče mu ona meškoljeći se u krevetu.

- Šta treba da ti kažem? – upita sluga.

- Gde stanuje gospodaričin bivši muž? – upita ga Patricija.

- Šta će ti to! – odgovori joj i krete.

- Dobro! Onda me zaboravi! – doda mu ona pre no što sluga priđe vratima.

On stade kao ukopan. Dvoumio se. Ipak odluči da ne izađe. Vrati se k njoj. Patricija se pobednički smeškala.

TREĆE POGLAVLJE

Polovina avgusta je period kada vrućine počinju da gube dah. Žestina leta u gradu i dalje ne jenjava preko dana, ali noći postaju svežije. Katkad i pljusak ohladi asfalt i pokupi prašinu u vazduhu, razredi smog, ustajao od silne vrućine. Tada miris ozona okrepi pluća, a vetrić blag i topao razbije monotoniju letnje svakodnevice. Ptičice zacvrkuću i razgale dušu onima koji umeju da ih čuju, a crkvena zvona u daljini odzvanjaju u slavu Bogu. Iznad grada leti avion jednomotorac i vuče reklamu što se uvija kao rep kakvom zmaju iz priča za decu. Avgust je mesec kada su godišnji odmori uveliko u toku, a škole ne rade, pa se deca bezbrižno još uvek igraju i čuje se njihova graja. Nad gradom koji se kupa na jutarnjem suncu je nebo azurnoplavo bez oblačka.

U gradu na periferiji ima ulica zarasla u kestenove. S visine to izgleda kao ogroman žbun kroz čije granje se tek nazire nešto. U samoj ulici su kuće, divne, bele i sređene. Nema više korova po dvorištima, šaša i travuljine. Sve ograde su ofarbane onako da se uklapaju u enterijer a maštoviti stanari su u vrtovima postavili raznorazne sprave za dečju igru.

Jutarnji obrok je tek počeo pa su deca počela istrčavati na ulicu, da se igraju. Saobraćaja tu nema, jer ulica je slepa a vozilo koje ponekad prođe, ide polako jer je to uglavnom neko od vlasnika, koji tu živi.

Na sredini ulice, sa desne strane je zgarište. Nema tu više one lepe urađene vile i ruža što su krasile vrt. Nije tu više ni dobri stari Donovan, niti nestašni Boby. Jedino ogoljena stabla kestenova uništena u vatri i ugljenisani ostaci doma, podsećaju da se tu dogodio užas.

Kakvog li paradoksa? Jedan dom u ulici je godinama odolevao propasti, dok to svi drugi nisu. Potom se dogodila nesreća i ta kuća je zgarište, ali ulica je oživela.

Mozda je Selena napokon došla iz pakla na konju od Lucifera da namiri račune do kraja, proklinjala je dok je umirala. Bila je pravednica. Ipak, na kraju je izabrala pakao. Ulica je oživela. Ona se iskupila. Ali, zgarište je tu. Da li je tu kraj njenog otkupa ili tek početak? Možda je ona samo karika u nekom lancu što datira od kad je čoveka? I Selena je samo akter u komadu, u kojem igra i posle smrti.

Zar nije još za starog Rima ona žena nevernica izgradila prolaz koji je i Anđeli koristio? Svaki detalj i događaj u prošlosti je uzrok radnji u budućnosti. Prošlost je temelj budućnosti u svakom pogledu i to u reči i delu. Ljudi si akteri! Ali šta je sa akterima u našoj priči?

Ulicom se kreće crveni auto. Kad stiže do zgarišta, stade. Iz njega izađe mlada žena sa muškim detetom predškolskog uzrasta. Ona obučena u komplet sa kostimom bež boje, a mali dečko ju je držao za ruku i išao s njom. Žena i mali uđoše unutar dvorišta u kojem su jezivo strčali ostaci, nekada divne kuće. Osmotri unutra i kad primeti grupu ljudi u dnu dvorišta, u hladu kestenova, ona krete ka njima. Istovremeno joj pođe jedan od njih u susret. Bio je nižeg rasta, prosed i nosio je naočare. Kad se sastadoše, on se rukova sa njom. Dečko ugleda nešto njemu interesantno pa se otrže od majke.

- Đovani! Ne diraj ništa! – viknu ona.

- Izvinite me! Dečko je nestašan – obrati se čoveku.

- Vi ste Anđela Gattoni, verovatno? – upita čovek.

- Ne. Viskonti! Ali nije važno. – dodade ona.

- Uostalom, da pređemo na stvar – kaza čovek i povede je ka skupini u hladu.

Oni se razmakoše i pred njom se ukaza velika bela hartija na kojoj su ležala dva kostura. Tačnije, moglo bi se pretpostaviti da je jedan kostur bio preko drugog, jer lobanje su se dodirivale, a kosti ostale izmešane.

- Oh! Šta je to? – upita Anđela i u trenu preblede. Okrete glavu od toga i vide malog Đovanija da prilazi.

- Idi igraj se, Đovani! Ne prilazi ovde! – kaza mu i on je posluša, ali bi u čudu.

- Grobnicu su otkrili radnici ispod dela temelja kuće. Ubrzo smo i mi došli i otvorili je. Imali smo šta videti. Grobnica je izvrsno očuvana kao i kosti, a potiču izgleda još iz rimskog doba – kaza arheolog.

- Zaista! Ko je tu sahranjen? Zapravo, šta je to? – zagolica znatiželja Anđelu.

- Najverovatnije se radi o muškarcu i ženi. Tragovi konoplje ukazuju na to da su izgleda bili vezani živi i tako sahranjeni – kaza arheolog.

- Strašno! Zašto bi to neko činio? – kaza i zavrte očima Anđela.

- Svašta se činilo kroz ljudsku istoriju! – dodade jedan od ljudi u grupi.

- Nekada su tako muževi kažnjavali svoje neverne žene – dodade drugi.

- Ne samo ženu, već i ljubavnika svoje žene. Vezivali su ih gole i tako sahranjivali u grob od kamena – kaza prosedi arheolog.

- Kakav užas! – dodade Anđela i dodirnu rukom čelo, jer joj je priča poremetila stanje u želucu. Kad joj bi bolje, ona pogleda u glavnog prosedog arheologa i upita ga:

- Da li je to neko otvarao pre vas?

- Izgleda da jeste. Kuća je veoma stara, ali deo temelja je kasnije urađen. Najverovatnije da je onda i otvaran grob, a da li je nešto bilo još u njemu to ne znamo – kaza glavni arheolog te pokaza ljudima da nastave posao.

Anđela krete prema izlazu u pratnji prosedog arheologa i usput dohvati malog Đovanija za ručicu.

- Vi ste vlasnik ovog ovde? – upita je arheolog dok je ona otvarala vrata auta.

- Ne! Zapravo da! Na neki način – odgovori mu i ode.

Uskoro je već prolazila putem kroz šumu na imanju Gattonijevih. Golemi hrastovi i miris buđi. Hladovina teška, ali prošarana sunčevim zracima, tek toliko da oplemeni idilu šume. Anđela zaustavi auto. Izađe i uze malog Đovanija. Pođe s njim među stabla. Grančice su pucketale pod njima i mali Đovani dohvati jednu. Bila je trula i on je lako prelomi. Na prstićima mu ostade trulež i on se obrisa o pantalone.

- Ne radi to, Đovani! Uprljaćeš se! – kaza mu Anđela i zastade. Oslušnu i ponovo kretoše. Stade. Pogleda prema autu. Nije bio tako blizu. Ona povuče Đovanija nazad. Osvrtala se i ubrzavala korak. Zdesna je raslo golemo žbunje i protezalo se desetinama metara uzduž. Sad je već jasno čula glasove i korake. Nije mogla oceniti odakle. Ona požuri s malim da prođe veliki i neprozirni žbun, ali se utom pojaviše dve prilike pred njima. Baš odatle, iza žbuna.

- Oh! To ste vi! – ciknu Anđela.

- Šta je bilo? Zašto si uplašena? – upita je gospođa Gattoni zabrinuto i uze unuka za ručice kleknuvši pritom, ne bi li se poigrala s njim.

- Smiri se, Anđela! Sve je prošlo i zaboravi ono što se dogodilo! – tešio ju je čiča Donovan.

- Ne mogu ono nikada zaboraviti! Patricija mi je uvek pred očima i ono njeno izbezumljeno lice i unakaženo od bola – doda Anđela još uvek uzbuđena.

- Ali, Patricija je mrtva i ne može ti više nauditi! – kaza gospođa Gattoni, ne prestajući da se igra sa malim Đovanijem.

- I vidiš kako smo i mi opet zajedno. Neka je kuća izgorela. Napravićemo novu. Sad živimo kao srećna porodica. I Đovani raste. Biće to lep i pametan dečko! – reče čiča Donovan.

- Znam to! Ali osećam da nije sve gotovo! – doda Anđela zabrinuto.

- Četiri godine su prošle od svega što se dogodilo, nema više opasnosti – kaza čiča Donovan.

To umiri Anđelu i njoj se vrati osmeh na lice. Ona pogleda u pravcu gospođe Gattoni koja je držala malog Đovanija za ručicu i odvela ga do jednog stabla.

Pokazivala mu je nešto. Kad odmakoše poprilično, Anđela se obrati čiča Donovanu vragolasto.

- Bila sam danas po pozivu arheologa u vašoj kući, kad vi ne želite ići tamo. Otkrili su grobnicu pod temeljom i dva kostura. Nimalo ne sumnjam da to vi niste prvi otvorili, a sad mi je jasno i odakle vam ona priča iz starog Rima o nevernoj ženi – kaza Anđela uz osmeh tiho, pa dodade:

- Izgleda da znam kao su završili ona i njen ljubavnik.

- Uh! – ispusti čiča Donovan i kad im priđe gospođa Gattoni, on ne kaza ništa, već je uze pod ruku i oni nastaviše šetnju.

Anđela ih je gledala dok su odlazili a mali Đovani ju je vukao za suknju da krenu. Njoj je bilo drago videti dvoje staraca u ljubavi, koja istinu gledajući, nikada nije ni prestajala.

Razmišljala je dok je vozila polako putem do kuće o čiča Donovanu, koji je gospođu Gattoni kaznio za preljubu sa Sandozom na taj način što je otišao od nje, da bi je ostavio da pati. Onaj u starome Rimu je surovo kaznio svoju nevernu ženu i nije joj dao priliku da ona shvati u čemu je greška. Ali zar je taj uopšte zaslužio da mu žena bude verna? Možda joj nije poklanjao pažnju? Išao je u ratove zarad bogatstva, iako je bio bogat. Šta je onda mogao i očekivati od svoje mlade žene, kojoj je nedostajala ljubav. A tek Patricija? Koji li je to pomračeni um boravio u njoj? Bila je vredna i poštovana glavna sestra na odeljenju. Zatim nežna dadilja. Trebalo je samo probuditi demona u njoj i napraviti od nje surovog ubicu! Demon je bludnik. Bludom se on hrani. Bludom zadobija. Bludom vlada. Lucifer je bludnik i to mu dobro stoji!

Anđela se približila kući i parkirala vozilo pored fontane. Po ulasku u prostrani hol je dočeka mlada žena udešena u plavi komplet sa belim okovratnikom. S takvom uniformom je delovala službeno.

- Gospođo! Imate nekoliko pisama za danas i jedan poziv sa aerodroma. – kaza ženica-plavušica i uze malog Đovanija te će:

- Idemo! Mora da si gladan!

Anđela ode u prostoriju za čaj. Obožavala je taj kutak. Ona pogleda ovlaš poštu i zainteresova je papirić na stolu! Pisalo je, rukopisom ženice-plavušice:

Draga Anđela! Krenula sam k tebi i čekaj me na aerodromu u petnaest časova. Mirela.

Anđela se obradova. Pogleda na časovnik obešen o zid. Imala je još tri sata vremena. Pokupi poštu i krete ka izlazu.

- Gospođo! Da li ste za užinu? – viknu za njom žena u uniformi.

Anđela zastade. Okrete se, ali joj poispadaše pisma iz ruke. Ona ih pokupi i uđe u trpezariju. Dopade joj se jedan sendvič i uze ga. Kafu posrka stojeći na nogama i izađe sa još nenačetim sendvičem.

Ubrzo je stigla u fabriku. Žurno je prolazila kroz pogon. Kretala se ka uzvišenom platou sa kancelarijama. Pope se gore i tad joj priđe jedan čovek u plavom mantilu. Pozdravi je učtivo.

- Modeli za reviju su spremni. Čekamo vaše odobrenje da krenemo sa organizacijom – kaza čovek u plavom mantilu.

- U redu! Neka to bude za deset dana. Da li ste pripremili manekenke? – upita Anđela.

- Uglavnom da – odgovori čovek i ode.

Pošto uđe u kancelariju i sede, ona otvori pisma. Istovremeno počeše ulaziti službenici.

- Molim vas da potpišete ovo! – kaza jedna od službenica.

- Šta je to? Aha! – uze hemijsku olovku i potpisa.

- Ovi iz banke su vam poslali dopis! – kaza sledeći službenik dajući Anđeli na uvid.

- Kakav dopis? Da vidim... To ne može sada! Recite da imamo rok još petnaest dana! – naredi Anđela.

- U pogonu "B" imamo opet problema sa onom mašinom! – kaza joj sledeći.

- Zar je ne možete popraviti? – upita Anđela.

- Potrebno nam je nedelju dana za uspešan remont ali proizvodnja trpi u tom slučaju! – odgovori taj.

- Koliko vam je potrebno da kupite novu i instalirate je da radi? – upita Anđela.

- Tri dana – odgovori ovaj.

- Onda uradite tako! – odgovori mu.

Kad vide da više nema nikoga, ona usredsredi pažnju na poštu. Nedugo potom, ona pritisnu dugme na interfonu i javi se ženski glas:

- Molim, gospođo! – ču se iz zvučnika.

- Imaš nekoliko pisama na mom stolu. Svima odgovori negativno, sem ovima iz Francuske, jer su uporni ko đavoli! Ja sad odoh! – naredi Anđela nekome i napusti kancelariju.

II

Franko je i dalje ribario. Ali, nije zato više koristio onu staru barku, već savremeni ribarski brodić. Pošto pristade uz dok pristaništa i obezbedi plovilo, kako je to neophodno, on krete prema uzvišenju na kopnu. Bilo je predveče, a on gladan, te požuri kod svoje Beatrise u njihovu novu kuću, jer je znao i verovao u njene kulinarske sposobnosti.

Ona ga dočeka na vratima. Visoka i vitka žena raširenih ruku, pa miris dobre kuhinje što dopire van – činilo je Franka srećnim i ponosnim. Kad izljubi ženu, on uđe u kuću.

- Zdravo oče, kako si!? – kaza Paolu koji je sedeo za stolom uz čašicu rakije i novinama u rukama.

- Eto, čitam o našoj Anđeli. Sve novine pišu o njoj. Kažu da njene kreacije prevazilaze maštu, da je nosilac nove epohe u odevanju svih uzrasta - ispriča Paolo s ponosom.

- Javila mi se Mirela danas i rekla da ide kod Anđele. Nije Anđelu, eto kaže, videla godinama i sad je uhvatila priliku – kaza Beatrise.

- Dolazila je Anđela ovde jednom i zar se nisu srele? – upita Franko dok je sipao čorbu od zeleni u svoj tanjir.

U prostoriji se osećao topao miris hrane koji draži želudac.

- Nisu se mogle sresti jer je bila s majkom u Americi. Otišle su ubrzo po njenom izlasku iz zatvora – reče Beatrise i sama sedajući za punu trpezu.

- Nije morala ni sad ići! – doda stari Paolo, pa srkne čorbu i nastavi:

- Jer s njom i oko nje počinju problemi!

- Nemoj tako, tata! – odgovori mu Franko.

- I ta njena majka! Kakva je to žena? Odlazi često nekud i ne vraća se danima! Ko zna čime se bavi!? – dodade Paolo.

- Već nekoliko godina ne ide iz sela. Možda se popravila? – uz osmeh kaza Beatrise.

Franko je otkinuo parče pileta i gotovo jednim potezom svukao meso sa kosti zubima. To sažvaka na brzinu jer htede nešto reći, pa da ne zaboravi on ispi čašu belog vina, pogleda u oca te u svoju Beatrise, pa će:

- Zar je bitno čime se žena bavi!? Važno je da nikog ne povređuje time. Ona održava solidan život za sebe i svoju kćerku pa ako i nije toliko moralna, onda je korisno. Da bi je ljudi smatrali poštenom ženom, onda bi ona trebalo da rmba ovde u selu za male pare i da živi u trošnoj kući bez mogućnosti da sebi i Mireli obezbedi i najosnovnije – ispriča Franko.

- Dobro, Franko, ali tata misli, a i ja se slažem s tim, da prostitucija nije baš moralan posao! – kaza Beatrise.

- Pošteno je baviti se prostitucijom kao i svakim drugim poslom. Ali, kad žena glumi dobru i pažljivu suprugu, punu ljubavi prema svom mužu iz koristoljublja, onda je to najgori vid prostitucije i čist nemoral – ispriča Franko.

- Za tebe su onda sve žene prostitutke – kaza pomalo ljutito Beatrise.

- Sine Franko! Poštena prostitucija! Šta to pričaš? – dodade Paolo.

- Ne kažem za tebe, Beatrise! Znam da si se ti udala za mene iz ljubavi. Bio sam tad siromašan, a imali smo trošnu kućicu i nisi mogla pretpostaviti da će moja sestra ikada moći ovako da nam pomogne. Govorim o nečem drugom. Postoje dva vida prostitucije. Prvi je otvoren i direktan. Žena traži od muškarca novac i zauzvrat mu daje sebe, koliko je plaćeno. Drugi vid prostitucije je nevidljiv na prvi pogled i uvijen, ali nije ništa drugo do to. Žene uglavnom biraju muškarce koji im mogu pružiti dobre izlaske, lepu garderobu i sve to uz što bolja kola. Zatim dolaze letovanja ili zimovanja pa nakit i kozmetika. Da ne govorim i o svemu drugom. Zar to nije prostitucija? – upita Franko.

- Žena mora tako, jer je to prirodno, Franko! – doda Beatrise.

- O čemu ste se vi raspričali? Odoh ja napolje na vazduh! – kaza Paolo, jer je završio večeru, a ovo ionako nije baš razumeo.

- Jesi li shvatio, Franko? Ženi je kratak rok trajanja. Ona postiže najviše dok je lepa i privlačna. To je nekih dvedesetak godina sa malim odstupanjem, gore-dole. Ako u tom periodu ne obezbedi život, odnosno porodicu, onda je propala. To je čisto majčinski instinkt. Žena rađa i veoma joj je stalo da pokolenje ima sredstava za život – ispriča Beatrise.

- Misliš da žena ne vredi više kad ostari i izgubi privlačnost i lepotu? – upita je Franko, spremajući da joj iznese brdo razloga da to nije tako.

- Žena vredi kad ostari ako ima instituciju. Brak je institucija. U braku žena ne gubi bitnost. Isto tako, ako žena poseduje moć institucije, onda je važna i bitna bez obzira na godine – reče Beatrise.

- Šta je moć institucije? – upita je Franko.

- Ako je njeno zanimanje takvo gde ona odlučuje o drugima, a ne drugi o njoj. To je još uvek ređe u društvu, jer žene nisu u velikoj meri na položajima, ali visokim školama uspeju da dostignu to ili nasledstvom – kaza Beatrise.

- I preko kreveta! – dobaci Franko.

- Opet ti isto! Ali, u pravu si. Dok je mlada, pomaže se krevetom ako treba. U starosti će imati lagodniji život. Međutim, ako ostari i tek onda shvati da je krevet mogao biti sredstvo za postizanje uspeha, biće joj kasno – kaza Beatrise, malo razmisli pa dodade:

- Tad joj je kasno i za udaju kakva doliči. Radiće za male pare i to mnogo. Usput će je svi šikanirati mlađima koje dolaze i prolaze preko kreveta ako treba u lepšu budućnost – kaza Beatrise i uze da pospremi sto.

- Sada ti potvrđuješ moju tezu! – kaza joj Franko.

- Ja ne potvrđujem tvoju tezu već je opravdavam! – reče Beatrise.

- Znači mi muškarci imamo duži rok trajanja? – upita Franko.

- Svakako. Muškarac vredi dokle može raditi i retko kada će vas ko šikanirati ili zameniti iz razloga što niste dovoljno privlačni – odgovori mu Beatrise.

I tako je prolazilo veče u razgovoru između Franka i njegove žene. Paolo, penzioner, izašao je na terasu kuće s koje je mogao videti more i obris mesečevih zraka na njemu. Mesec je bio pun kao točak. Izašao je tek iza brda u daljini. Imao je crvenkastožućkastu boju, koja postade ubrzo potpuno bela, svetlobela.

Razmišljao je o svojoj Anđeli zbog koje mu se otkide komad srca u žalosti, a potom se pojavi zračak nade, da je gorka sudbina njega zaobišla. Kad nada posta stvarnost i on vide svoje dete živo, plakao je od sreće. Tad je video da su sve vrednosti za koje je verovao i mislio da su bitne, u stvari daleko iza života.

Pomišljao je da oduzme sebi život i proklinjao sebe što je nastupio tako oštro kad je saznao da kćer treba da rodi vanbračno dete. Reči Mireline su mu odzvanjale neprekidno u glavi. Ona ih je izgovarala u suzama nad otvorenom rakom:

- Ljudi! Koliko je samo malo trebalo da se ova tragedija ne dogodi! Malo više ljubavi i razumevanja, a manje sebičnosti i Anđela bi danas bila među nama!

Znao je Paolo da su se te reči odnosile najviše na njega. Da je nastupio više očinski i na sebe prebacio odgovornost, i Anđela bi postupila drugačije, kao i njeni ujak i ujna.

- Da, oproštaj je ono što skida odgovornost sa nekoga! Odmah je trebalo da joj oprostim i kažem da ne brine ništa! Ne pretiti! Zar život moje Anđele nije preči od onoga što će ljudi misliti o njoj?!

Tako je razmišljao Paolo dok je zurio u pun mesec. Setio se reči svoje kćeri, uoči prvog odlaska u grad na studije:

Tata! Kada ne budem više tu kraj tebe, a mesec ovako zaplovi nebom, ti pogledaj u njega i znaj da si uhvatio moj lik u njemu!

Kilometrima daleko, na severu Italije u kući Gatonijevih, na terasi u ravnini krova, dve prijateljice ćaskaju, jer se godinama nisu videle.

- Vidiš, Mirela! Mesec jezdi nebom i obasjava celu Italiju. Ko zna koliko ga ljudi posmatra u ovom trenutku! Ja verujem da svi osećaju slično! U meni se rađa nostalgija za rodnim krajem i poželim da sam sa svojim ocem i bratom. Htela bih da se vratim u detinjstvo i u našu trošnu kuću. Sve što mi se tad činilo teško i ružno, ostalo je kao buket dragih uspomena u mom srcu – ispriča sa setom Anđela.

Mirela je bila ushićena. Radost joj se ogledala na licu dok je slušala prijateljicu na čijoj se sahrani isplakala.

- Nastavi da pričaš o Patriciji i o svemu što se zbilo! – nestrpljivo će Mirela svojoj prijateljici, koja je odlutala u mislima u svoj zavičaj.

- Patricija je bila bolesna u psihi i neverovatno opasna. Umela je da se pretvara i vešto skriva ćud. Bila je član nekakve sekte, gde su za obred korišćene devojke, a zatim ubijane. Obično su to bili turisti na proputovanju ili emigranti iz siromašnih zemalja – pričala je Anđela, ali je Mirela prekide.

- I Niccolo je bio član te sekte?

- Da. Bio je član i vođa te sekte, ali i otac mog Đovaniju, kao što ti rekoh.

Dospevši u tu pećinu one noći, mene je Niccolo silovao za obred. Na svu sreću sam preživela tu noć, a ko zna koliko ih nije! – kaza Anđela.

- Zašto je Patricija bila ljubomorna na tebe? – upita Mirela znatiželjno.

- Nakog onoga što mi se zbilo u pećini, u mene je ušlo nekakvo zlo i devijacija u psihi. Jednom sam tako osetila potrebu da vodim ljubav sa Patricijom. To se dogodilo iste noći kad je Niccolo umro. Ona je te večeri boravila u bolnici i isključila mu najverovatnije aparate nakratko. Sve sam joj poveravala, jer sam verovala da mi je prijateljica. Na listu iz tvog spomenara sam još davno ispisala tekst i dala joj da pošalje Stefanu. Ona je dopisala i ono: Bela Luna. Kad je našla priliku, otišla ja da ubije Stefana, a meni je govorila da ima neke prijatelje s posla i da želi da bude s njima.

Jednom je nije bilo nekoliko dana. Tad je i ubijen Stefan. Sandozu je ubila kad je shvatila da je i on zaljubljen u mene i pošto smo se ljubakali – reče Anđela.

- Ti si volela tog fotografa? – upita Mirela.

- Ma, ne! Htela sam dobiti na vremenu jer me je ucenjivao! – odgovori joj Anđela.

- Policija je došla ovde da te uhapsi? – upita Mirela.

- Da, policija je stigla posle podne, već sutradan, ali ja sam pobegla! – kaza Anđela.

- Kako? – upita Mirela.

- Kroz onaj prozor, tamo dole. Vidiš! – kaza i pokaza joj Anđela.

- Neverovatno! Sa malim Đovanijem kroz prozor? Nije baš nisko! – gledala je u čudu Mirela.

- Ipak sam pobegla. – doda Anđela samouvereno.

- Gde si pobegla? – zapitkivala je Mirela. Posmatrala je Anđelu nepoverljivo.

- Zar mi ne veruješ, Mirela? To se zbilo, mada izgleda neverovatno! Pobegla sam kod onoga čiče, što ste se upoznali danas, kad si došla. On je imao kuću u jednoj ulici na drugoj strani grada – kaza Anđela.

- Zar je sad više nema? – upita opet Mirela.

- Nakon nekoliko dana provedenih kod čiča Donovana, i Patricija je saznala za njega i pretpostavila da sam tamo. Inače sam samo ja poznavala čiča Donovana, a desilo se slučajno da je baš on bivši muž gospođe Gattoni – pričala je Anđela polako.

- Šta se onda desilo? Daj reci već jednom! – nestrpljivo će Mirela.

- Bila je noć, svi smo spavali u kući. Đovani je spavao u svom krevetu pored mene, a papagaj Boby u kavezu. Deda Donovan je u prizemlju kuće imao krevet. Probudila sam se iznenada. Neko je kucao na vrata u prizemlju.

- Ko je? – čuh dedu.

- Da li biste mi otvorili? – čula sam ženski glas i prepoznala ga u momentu. Bila je to Patricija.

- Deda je otvorio vrata i tad čuh jauke i udaranje. Skočila sam sa kreveta i upalila svetlo. Strčala sam onako u spavaćici niz stepenice i ugledala Patriciju kako udara nogama Donovana. On je bio gotovo bez svesti i ja skočih na nju. Tukla sam je iz sve snage. Znala sam da je u pitanju život ili smrt. Znala je neku borilačku veštinu i nekoliko puta me udarila nogama u glavu nakon čega sam i ja bila na podu. Nisam imala više snage da joj se oduprem. Uplašila sam se za Đovanija koji se probudio i počeo da plače. Ona se stade ludački smejati, te iz kuhinje dohvati nož i pojuri ka stepenicama, ali čiča Donovan joj se nađe na putu i saplete je. Patricija pade preko grejalice koja je bila uključena i u besu povuče jorgan preko nje dok se dizala. Udarala je čiča Donovana iz sve snage, a iz jorgana je kuljao dim. Znala sam da će se uskoro zapaliti, jer je jorgan prekrio grejalicu. Kad je završila sa čičom, okrete se meni a ja sam se povlačila na leđima od nje. Tad sam bila sigurna da nam je svima kraj. Njoj se više niko nije mogao odupreti i meni sinu ideja da je nekako namamim u susednu prostoriju. Skupim snagu i otrčim tamo. Patricija jurnu za mnom. U ruci je držala nož. Kad sam ušla u tu sobu, zatvorila sam vrata za sobom i okrenula ključ. Znala sam tačno šta hoću i bila sam sigurna da je tu Patriciji kraj, ako ne i meni. Odigrala sam kartu na sve ili ništa – pričala je Anđela, ali je Mirela prekide.

- Šta je bilo u toj sobi? – gledala ju je netremice.

- Jedna malena vratašca koja ni u snu ne bih otvorila! – dodade Anđela, tajanstveno.

- Da li si ih otvorila? Što si tako misteriozna? Šta je dalje bilo? – nestrpljivo će Mirela.

- Otvorila sam ih i otrčala i uskočila u sanduk za veš. Tad je Patricija razvalila vrata i dva užasa su bila jedno naspram drugog – kaza Anđela i zastade u priči.

- Kakva dva užasa? Govori šta je bilo? – radoznalo će Mirela.

- Zatvorila sam drveni poklopac od sanduka, da ne gledam. Začuh šištanje i krik kakav nikad dotad nisam čula. I ja sam kriknula od straha, ali dim je dopirao iz susedne prostorije. Ja podigoh tek toliko da provirim – reče Anđela.

- Šta se dogodilo? – opet će Mirela.

- Patricija je klečala na kolenima, a na vratu joj je šikljala krv. Lice joj se izobličilo od bola, a kobra nedaleko od nje je šištala sa glavom uzdignutom uspravno.

- Kobra! – viknu Mirela.

- Da. Deda Donovan je imao kobru, zmiju kao ljubimicu. To sam znala. Bilo je strašno gledati. Zmija se sklupčala i nekako je bilo očigledno da se sprema na novi skok. To i bi. Nisam stigla ni videti, ali nova rana je bila na obrazu. Ona ponovo kriknu bolno. Tad se sruši mrtva – ispriča Anđela.

- A ti? – upita Mirela.

- Ja se ne usudih izaći, ali je u prostoriji do nas uveliko gorelo. Nisam imala izbora. Izgorećemo svi ako ne odreagujem kako treba. Videla sam zmiju. Bila je uznemirena. Osećala je da još nekoga ima u prostoriji i uznemireno šištala. Osetila je i vatru. Počela je puzati unutar prostorije, te kad videh da je trenutak, ja iskočih iz sanduka i potrčah ka vratima. Dok sam trčala kroz sobu ja začuh ponovo šištanje, ali je i vrelina dopirala kroz vrata. Utrčah u dim i potrčah pravo uz stepenice gore. Plameni jezici su me već dodirivali. Uzela sam malog Đovanija i strčah dole s njim, van kuće, u dvorište. Kad sam ponovo utrčala unutra, već su stepenice gorele.

Opipah čiča Donovana. Bio je pri svesti, ali nepokretan – kaza Anđela.

- Zar se nisi plašila zmije?- upita Mirela.

- Verovala sam da zmija neće u vatru, a odnekud sam i znala da kobra nakon jednog otrovnog ujeda nema više otrova u sebi, bar za jedno vreme.

- Vidiš, nisam to znala! – odgovorih joj Mirela u čudu.

- Tad sam dohvatila čiča Donovana i izvukla ga van kuće, na sigurno. Nisam zaboravila papagaja koji je bio u našoj sobi. Znala sam da su mu vrata kaveza otvorena, ali prozor je bio zatvoren. Pronašla sam neko kamenje i gađala prozor. Razbila sam ga i čekala. Dim je kuljao napolje. Mislila sam da je Bobiju kraj, ali napokon izlete. Bila sam tako srećna tada – završi Anđela.

- I gde je sad papagaj? – upita Mirela.

- Papagaj je živeo još nekoliko meseci posle toga, ali verovatno od stresa i preživljenog straha, jednog dana mu je srce otkazalo – kaza Anđela. –Ako je za utehu, bar nije završio u vatri. To je strašnije.

- Dve zmije su završile u vatri. Kobra i Patricija! – kaza Mirela.

- Ne. Samo Patricija. Kobra je ponovo ušla u svoj kavez jer nije imala gde, osim u vatru. Ja sam otrčala i otvorila kavez. Zmija je otpuzala negde u mrak.

- I zmiju si spasla? – začuđeno će Mirela.

- Ipak, ta zmija je svima nama spasla život! Zar ne? – kaza Anđela.

- Jeste. To je tačno. Toliko smrti i užasa je bilo oko tebe da je to prosto neverovatno! – kaza Mirela.

- Naprosto, da! Mnogih više nema. Zla kob. Šta bi drugo bilo? – zapita Anđela.

- Svi su bili tvoji ljubavnici! Makar nakratko – zaključi Mirela.

- Da zaista! Ispada tako! Ali, na šta ciljaš? – odgovori joj Anđela i ustade. Priđe ogradi. Posmatrala je šumu. Bila je mračna. Jedino su se vrhovi krošnji caklili na mesečevoj svetlosti.

- Hajde, prijateljice moja! Reci šta te muči! – nastavi Anđela i okrete se Mireli.

Priđe joj sleđa i dugačkim noktima prođe nežno kroz kosu, temenom. Vrati se tad do svoje stolice od pletenog pruća i sede. Gledala ju je direktno u oči i čekala. Mirela je shvatila da se izletela i da joj se grlo suši. Ona s teškom mukom proguta pljuvačku i namesti se udobnije u stolicu.

- Ti znaš, Anđela, da smo mi prijateljice odmalena – poče Mirela pa zastade.

Mozak joj je stao.

- Ne plaši se! Pričaj! – pomagala joj je Anđela.

- Htela bih zapravo da ti pomognem, ali meni je potrebna pomoć! – kaza Mirela i uze čašu sa stola. Ruka joj je drhtala dok je pila.

- Zašto si uzrujana? Smiri se! – kaza joj Anđela i osmehnu se.

- Dok smo šetale jednom u našem mestu, za vreme karnevala, mi smo pričale o ljubavi i zlu – kaza Mirela i zastade.

- Nastavi! – reče joj Anđela.

- Ti si mi pričala da dokle god čovek ima i malo ljubavi u sebi, on ima nadu za spas – započe Mirela.

- Da li sam ja dobra ili zla? – upita Anđela.

- Ti nisi ni dobra ni zla! Ti jesi zlo! Ti si, Anđela, demon koji ne podleže zakonima ljudskih bića, već se krećeš u sferama koje tebi odgovaraju. Sve sam te dobro saslušala, ali mene ne možeš prevariti! – ispriča joj Mirela.

- Da li si ti svesna šta pričaš, Mirela? – upita je Anđela tiho.

- U momentu si puna ljubavi toliko da prevariš ljude oko sebe. Tako samo demoni čine zarad svog cilja! Dvolična si i lukava. Navodiš druge da čine ono što tebi odgovara, a zatim pereš ruke i ko zna šta još – nastavila je Mirela.

- Tebi nije dobro! – kaza joj ozbiljno Anđela.

- Sasvim mi je dobro i znam šta govorim. Patricija jeste bila luda, ali je tebi poslužila kao oruđe osvete. Nju si zavela jer si bludna, a tad redom navela da ubije Niccola, pa Stefana i na kraju fotografa Sandozu – kaza Mirela.

- Nije istina! Ti imaš samo bujnu maštu! – kaza joj glasnije no obično Anđela.

- Potom si izgubila nad njom kontrolu, ili mi se to samo čini, i likvidirala i nju! – kaza Mirela.

- Patriciju je ubila zmija, a ne ja! Uostalom, da zmija nije ubila nju, ona bi nas! – reče joj Anđela.

- E baš to! Dve zmije! Prvu si iskoristila za svoje ciljeve, a drugu da se rešiš prve. Pustiš zmiju otrovnicu da odradi zločin umesto tebe, a onda se praviš luda. – odgovori joj Mirela.

- Patricija je bila bolesnog uma! – kaza Anđela.

- Upravo tako! Bolesni um u vlasti demona! Zar može biti gore? – upita se Mirela.

- Može biti bolje! – doda Anđela pa trenutak razmisli i kaza: - Zdrav um u vlasti demona.

- Ne znam na šta misliš? Radije bih da idem! – odgovori joj Mirela drhtavim glasom.

- Ne ideš ti nikud! Ostaješ kod mene. Sad je uostalom kasno i prošla je ponoć, a demoni lutaju okolo i vrebaju žrtve – reče joj Anđela i priđe sasvim blizu. Stavila je svoju šaku preko njene glave.

- Zašto me plašiš? Nikad se nisam bojala mraka! Ali, ko je to?

Prišao joj je čovek s leđa u plavoj mantiji i stavio joj maramicu preko nosa i usta. Mirela se poče otimati, ali klonu na stolici.

- Da je vežem, Bela Luno!? – upita Anđelu pridošlica.

- Svakako! – odgovori Anđela.

Čovek obučen u plavu mantiju sa kapuljačom na glavi, priđe Mireli i obuhvati je ispod pazuha jednom i kolena drugom rukom, te je ponese u sobu i spusti na veliki i široki krevet od metalnog rama. Tu priđe i druga osoba u plavoj mantiji, koja je bila do tad u mraku i donese lance za ruke i noge.

- Nemoj je vezati! Ti pripremi kremu! – kaza im Anđela i priđe Mireli.

Svuče joj pantalone i skide bluzu. Osta u belim gaćicama. Grudnjak nije nosila. Mesečeva svetlost, bela kao mleko, obasja sobu, kroz vrata odakle je dopirala prijatna svežina letnje avgustovske noći. Gaćice joj svuče i baci kroz vrata na terasu. Momak joj doda kremu, ali Anđela se pomeri i pozove drugog.

- Veži je! – kaza mu.

On joj veza ruke i noge za metalni okvir. Anđela je mazala kremom Mirelu koja se tad probudi, ali ne potpuno. Nije se otimala niti vikala. Samo je toplo uzdisala na svaki dodir masti i njenih oblina. Još kad Anđela usnama dotaknu kožu, jauk zadovoljstva se otme Mireli iz usta.

Hladan miris se širio prostorijom i vukao joj dušu u dimenzije onostranog, gde gospodar tame u bludu regrutuje vojsku. Tada nervi bruje od miline, a čula se naprežu da puknu. Nadražaj za nadražajem udara u mozak koji u šoku izbacuje svest na trenutak u prostor. Taj trenutak traje kao priča, jer vreme tu ne važi. Duh leti poput leptira i čini što mu volja.

Izmešano iskustvo duha sa zadovoljstvom tela, usled povećane percepcije erotskih čula kao rezultata dejstva specijalne kreme, dovodi žrtvu u stanje opčinjenosti, pa čak i zavisnosti. Sledeće u postupku demonizacije žrtve je grub seksualni čin kome je cilj izlivanje što veće količine sperme u matericu. Time se postiže materijalizacija demona i njegovo napredovanje unutar žrtve.

Materica je pogodna sredina za razvoj demona, kao uostalom fetusa deteta. Razlika je u tome što dete izlazi napolje, a demon postaje sve veći i zauzima telo, kao bolest.

Ne postoji gora bolest od opsednutosti. Ta bolest jede telo i dušu. Bolest koja ubija telo ne dira duh i on ostaje čist. Takav duh može dalje stremiti ka savršenstvu u nekim novim dimenzijama stvarnosti. Dušu koju izjede, demon povlači nekud u tamu i beznađe iz kojeg nema povratka. Demoni se zapravo hrane dušama ljudi i tako postaju jači i gori, nikada bolji!

Anđela završi sa Mirelom, te siđe s kreveta. Onako bosa stade na bluzu koju je zbacila nešto pre sa nje, i jauknu. Ubola se na nešto. Uze bluzu u ruku i izađe na terasu. Pronađe to pri svetlosti meseca. Bilo je kao čioda. Vrati se u prostoriju i priđe jednom u plavoj mantiji. Šapnu mu nešto na uvo i izađe u hol.

- Rekla nam je da nastavimo! – kaza i priđe krevetu.

- Onda bi ja trebalo da budem prvi! – kaza onaj drugi.

- Zašto ti da budeš prvi? – upita prvi.

- Zato što si ti prošli put bio prvi! – odgovori onaj drugi.

- Ali to je bilo pre četiri godine! – kaza mu prvi i ne želeći više da se prepire, on se pope na krevet, držeći čvrsto svoju nabreklinu u ruci.

Mirela je disala ubrzano i činilo se da je jedva čekala da joj prodžara grotlo vulkana iz kojeg samo što lava nije izlila.

Iznenada, začu se zvuk helikoptera. Nekakav far svetlosti obasja prostoriju i ljudi u crnom se pojaviše u sobi. Istovremeno se i vrata odakle je Anđela izašla otvoriše i upadoše otuda još dvojica u civilu. Svi su imali oružje. Za tili čas i momci su na rukama imali lisice.

- Gde je Anđela? – viknu jedan od inspektora.

- Pretražite kuću! Ne može pobeći! – vikao je drugi.

I tako cele noći do zore su policajci pretraživali kuću i okolinu i grad, ali od Anđele ni traga. I čiča Donovanu se izgubio trag, mada njega sem gospođe Gattoni, niko nije tražio.

Prolazili su dani, meseci, pa godine. Đovani je odrastao uz gospođu Gattoni i Mirelu, koja je ostala kod njih da se stara o njemu.

Ulica kestenova je napokon postala kompletna i najlepša ulica u gradu. Na mestu uništene kuće u požaru je izgrađena divna crkva u kojoj su večito gorele sveće i mirisao tamjan. Žitelji Ulice kestenova su naročito obožavali to mesto i okupljali se u porti crkve nedeljom, ali i običnim danima, jer je otud zračio nekakav mir i spokoj.

Daleko od Italije, preko mora, na obali Atlantika, u milionskom gradu, sa zgradama što paraju nebo, ima još nešto bitno za našu priču. Jedna mlada žena u žalosti u crnini, kleči pored groba i drži buket ruža. Stavlja buket na grob i pali sveću i suze joj teku.

- Čiča Donovane! Nikada te neću prežaliti niti zaboraviti! Uvek ću se sećati tvojih reči od one noći kad sam u svojoj ludosti, a na svoju sreću, stala na bubicu za prisluškivanje. Tad kad smo pobegli zajedno u noć kroz tajni prolaz, ti si mi rekao da mi je proviđenje dalo još jednu šansu u životu za spas i da to moram iskoristiti.

Prvog dana kad sam te upoznala, ja sam te zavolela i znam da si i ti voleo mene. To je bila prava bezrezervna ljubav, obostrana i čista. Ljubav koja me je povukla u odsudnom trenutku sa stranputice i mraka. Iščupao si me iz ruku demona i zato ti hvala, čiča Donovane, i neka ti je spokoj duši i...

Plakala je još dugo.

Ali, neka! Neka se isplače. Biće joj lakše. Na tuđoj zemlji u tuđem svetu i sama.

EPILOG

U organizaciji zla ili bolje rečeno, hijerarhiji istog na zemlji, bitno je ubediti potčinjenog u njegovu apsolutnu vlast nad drugima i tako sprovoditi zlo uvećanom energijom, iza kulisa i bez milosti.

Meni je Selena rođaka i često sam se kao mala igrala na našem imanju pored njenog groba, dok su moji baba i deda, kao i moji roditelji, dolazili da se mole za spas njene duše. Kad sam porasla i naučila da čitam, tad sam saznala da je Selena boginja Meseca i da bi u prevodu sa grčkog značilo da je ona – Bela Luna.

Maštala sam da postanem boginjom Meseca, jer sam Mesec obožavala, naročito kad je pun!

Upoznala sam Niccola na jednoj modnoj reviji i svidela mu se. Postao mi je ljubavnik jer sam muža imala i tako ga malo-pomalo pridobila za svoje ciljeve. Verovao je da je glavni i da on odlučuje o svemu kao i da je sam đavo! Kasnije sam Anđelu pridobila za sebe. Ona je verovala da je Bela Luna i činila korake koje sam ja želela. Zavela je prvo Patriciju i komandovala njome, a zatim mog muža Marka i Alda.

Njih dvojica su uhapšeni i strpani u zatvor one noći kad se Anđela nabola stopalom na čiodu za prisluškivanje. Mirela je radila za policiju. Pridobili su je, a to sam predvidela – završavala je priču Katarina.

Dovezla me je do one malene železničke stanice gde je one noći Anđela izašla sa svojim povećim koferom i nestala. Gledao sam u trenutku dolinu niže nas i pomislih da još uvek tamo obitavaju kojekakve nakaze i spodobe.

Okrenuh se Katarini. Lepa je to bila žena, ali zloća koja se retko sreće. Pogledah i u voz koji je upravo nestajao u tunelu i setih se da je ona jednom tako ušla i sela preko puta bake, malo udesno do prozora. Tad se baka prestrašila!

- Kako si uplašila bakicu u vozu one noći kad si sela baš na Anđelino mesto? – upitah Katarinu.

Ona se nasmeši.

- Skinula sam gaće. Podigla suknju, a noge raširila i prebacila preko sedišta! – kaza mi ona.

- Samo to? Bio sam radoznao.

- Igrala sam se sa svojom ribicom! – odgovori mi Katarina.

Oni koji mrze žene, rekli bi da su one zapravo ekspoziture đavola na Zemlji. Zaista bi svet bio dosadan bez tih ekspozitusa jer bi to onda bio raj. Ali kakav je to raj ako nema žena u njemu?!

Biografija

Darkulis Leonov Dias živi i stvara   trenutno na ostrvu Krit u Grčkoj. Išao je u osnovnu školu u Austriji, Hrvatskoj i Srbiji. Medjutim nemirni duh i turbulentni Balkan zajedno su uslovili to da je 1982-e, još kao dvadesetogodišnjak otšao u Irak i zadržao se tamo 6 meseci, nedaleko od Bagdada i osetio dah pustinje, miris orijenta i lepotu prekrasnih zvezdanih noći Mesopotamie uz milovanja prelepe Asirke Mone I zvonak glas njenih pesama, čije reči nije mogao da razume.

Upleten u Monine čari, opijen ljubavlju, ispijen od prohteva njene razuzdanosti, ipak on uspeva da se domogne ponovo Beograda, sela Golubinaca nadomak grada , doživi dah učmalosti Sremačkih kafana u kojima konobarice, mlade i rade, pišu recke onima koji izostanu, sem u slučaju a to je opravdano, ukoliko se dotični nije uputio zauvek i   ostao u nekoj od parcela seoskog groblja. Jedne zimske Decembarske noći, sredinom osamdesetih prošloga veka, pred sam kraj godine, uoči dočeka Nove, upoznaje mladu i vitku konobaricu Crnogorku u koju se zaljubljuje do ušiju, toliko intenzivno da ju je bez mnogo premišljanja oženio i ubrzo s njom dobio sina Bojana

Brak je trajao taman toliko koliko je bilo neophodno da oboje ustanove kako nisu jedno za drugo. I nakon kraha njihovog zajedničkog života, on ubrzo upoznaje novu svoju divu, simpatičnu Australku Paulinu Hudec, radi koje je ubrzo napustio Evropu I obreo se u Australiji. Ni ta veza nije trajala duže od godinu dana I što zbog Pauline I što iz razloga, po njemu – da Australija nema dušu poput Evrope – on se vraća na stari kontinent preko Italije gde po sletanju aviona, ubrzo istog dana upoznaje mladu i zgodnu Rimljanku, koja ga inspiriše, da napiše svoj prvi roman – Bela luna.

Ipak samo pisanje romana je započeo tek 6 godina posle susreta sa njom, nakon završetka gradjanskog rata u Jugoslaviji, raspada države i njegovog ponovnog odlaska u inostranstvo, ovoga puta na Krit u Grčkoj.

Tamo se zadržao do današnjih dana, gotovo četvrt veka, napisao još jedan roman – Vremenska vrteška i radi na novom delu u okviru trilogije koju je zamislio.

Sada već na pragu treće dobi, kada može se reći, iskustvo iz života, čini ga zrelim piscem, on ima želju da čitaocima pretoči naizgled besmisao života u smisao koji se ne prepoznaje ovim našim čulima u procesu koji je uglavnom naporan i često bolan.

RECENZIJA

Autor je radnju romana mogao da postavi u bilo kom vremenu i prostoru – pitanje koje je pokrenuto je univerzalno. Linearno gledano, glavna junakinja, Anđela, prolazi kroz niz transformacija u svom mladom životu. Jedna naivna devojka s romantičnim shvatanjima pretvara se, malo po malo, u oličenje manipulativne, zle osobe. Pitanje koje njena sudbina i preobražaj postavljaju pred čitaoca je suštinsko – gde smo na svom životnom putu izgubili nevinost duše? Kako smo usput izgubili ideale i snove ? Zašto smo postali surovi kao što škola života ponekad ume da bude surova ? Da li smo uvek takvi bili ili smo putem ogrubeli i postali cinični manipulatori ?

Anđelini preobražaji delimično su deo promena kroz koje svaki čovek prolazi. Razna iskustva prekaljuju nas i postepeno izvlače iz nas našu pravu prirodu. To je škola koja se ne uči u klupi ; onaj ko o takvim lekcijama života piše i sam ih je prolazio. Možda će neke Anđeline avanture delovati surovo, druge fantastično- zar nije I sam život takav?

Osobe s kojima se Anđela sreće zapravo su odraz nje same u pojedinim etapama života, baš kao što možemo u njima prepoznati deo nas samih. Samo treba biti dovoljno iskren i osvestiti te zamršene fragmente svojih unutrašnjih anđela i demona. Ko će pobediti u toj naizgled večitoj borbi dobra i zla?

Lepota romana Bela Luna je u slobodi doživljavanja i tumačenja, velikom prostoru čistilišta između neba i zemlje u kojem svako pronalazi svoje rešenje i način putovana. Autor je čitaocu ostavio prostor za razmišljanje i opredeljivanje, za osudu ili razumevanje. Retko smo spremni da se sudarimo sa sobom i da prođemo kroz sebe, pa nas život šiba da se nebismo uspavali. Lako je osuditi i sebe i drugog i svetiti se u tami ; ali dela nas odaju ko smo zapravo. A delo autora je bolan proces kao što je Bela Luna, stalna promena i poniženje koji nam pomažu da shvatimo božansku prirodu, iskru Božiju koja nas čini živim negde u strmim dubinama srca.

Istina je da je život retko crn ili beo; mahom su to sive zone koje nas kao Sfinga teraju da odgonetnemo njihovu tajnu ili da se mučimo s njima dok god ne smognemo snage da se suočimo. Ništa nije konačno dok ne razrešimo unutrašnji sukob sa ovim ili onim aspektom sopstvene ličnosti. Zato je odnos prema Anđeli i njenom putu zapravo odnos koji gradimo prema sebi.

Konačno, autor je instiktivno izabrao put hrišćanstva-razumevanje, praštanje i, što je najvažnije, veru da za svakog od nas postoji zlata vredna druga prilika, mogučnost za nov početak- ne na ruševinama starih gorčina i prokletstava, nego u rađanju novog sveta u nama - sveta ljubavi koja nas izdiže iz nas samih, sa grobova naših mrtvih dela i misli. Ljubav je božanska, a jedino što je naše je baš ta divna sloboda.

Vesna Popović - Beograd

CIP - Каталогизација у публикацији
Народна библиотека Србије, Београд

821.163.41-31

ШЕКУТКОСКИ, Дарко, 1961-
   Bela Luna / Darkulis Leonov Dias ;
[ilustracije Ivana Bošković]. - Golubinci :
Monoceros, 2012 (Beograd : Diamant print). -
257 str. : ilustr. ; 21 cm. - (#Biblioteka
#Maja zlatogorka)

Darkulis Leonov Dias je pseudonim Darka
Šekutkoskog. - Tiraž 1.000. - Biografija:
str. 254-255. - Str. 256-257: Recenzija /
Vesna Popović.

ISBN 978-86-915693-1-0

COBISS.SR-ID 191054348